AF475047

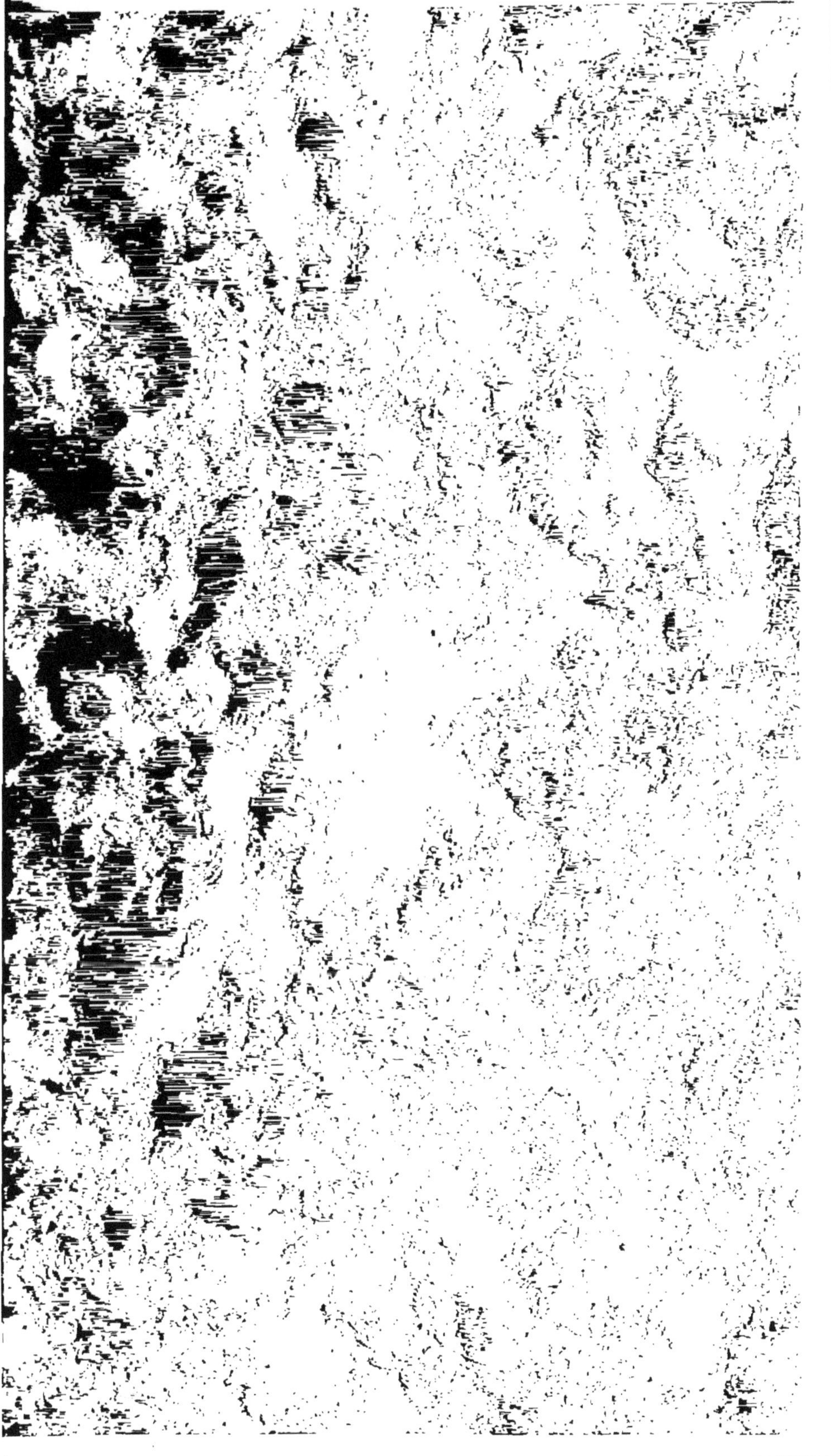

C. HOUDART 1970

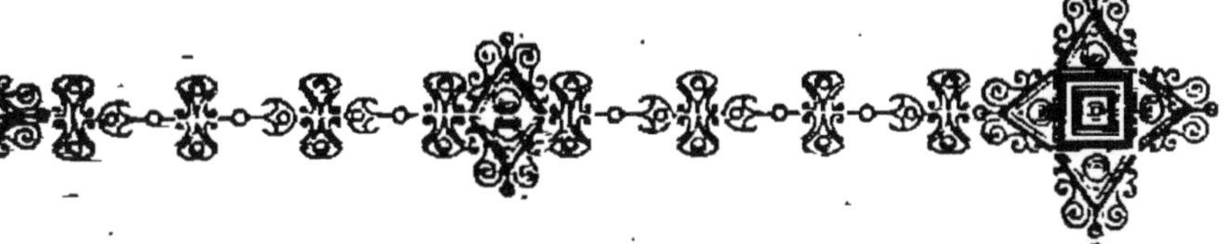

SCENES OF YOUTH,

(IN ENGLISH AND FRENCH),

OF

FAMILIAR CONVERSATIONS AND DIALOGUES

OF YOUNG CHILDREN,

DURING THEIR PLAY-HOURS AND USUAL AMUSEMENTS.

By Asborne de Chastelain,

Author of *Familiar Dialogues* in English and French, of an English and French *Dictionary*, etc.

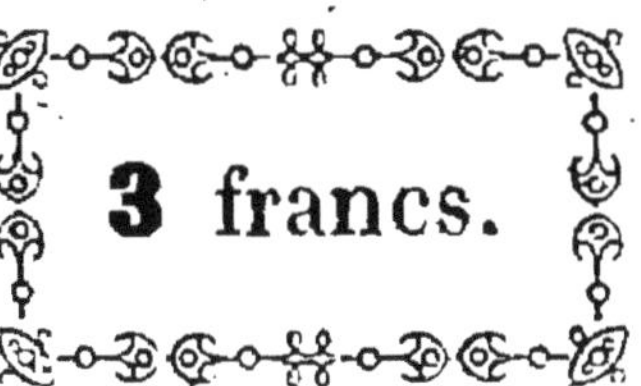

3 francs.

PARIS:

PUBLISHED BY J.-H. TRUCHY,

AT THE FRENCH AND ENGLISH LIBRARY,

18, Boulevart des Italiens.

1841.

SCENES OF YOUTH,

(IN ENGLISH AND FRENCH),

OR

FAMILIAR CONVERSATIONS AND DIALOGUES

OF YOUNG CHILDREN,

DURING THEIR PLAY-HOURS AND USUAL AMUSEMENTS,

by

Asborne de Chastelain,

Author of *Familiar Dialogues* in English and French, of an English and French *Dictionary*, etc.

PARIS:

J.-H. TRUCHY'S

FRENCH AND ENGLISH LIBRARY,

18, BOULEVART DES ITALIENS.

1841.

SCÈNES DU JEUNE AGE,

(EN ANGLAIS ET EN FRANÇAIS),

OU

CONVERSATIONS ET ENTRETIENS FAMILIERS

DE JEUNES ENFANS,

PENDANT LEURS RÉCRÉATIONS ET LEURS AMUSEMENS HABITUELS,

par

Asborne de Chastelain,

Auteur des *Dialogues Familiers* anglais-français, du *Dictionnaire* anglais-français. etc.

PARIS:

LIBRAIRIE FRANÇAISE ET ANGLAISE

DE J.-H. TRUCHY,

18, BOULEVART DES ITALIENS.

1841.

PARIS. — IMPRIMERIE DE BEAULÉ,
Rue François Miron, 8.

SCENES OF YOUTH.

SCÈNES DU JEUNE AGE.

I.

RISING.

MRS. CLIFFORD.

Come, my dear Maria, do make haste. I have already waited for you some time. Why have you been so long?

MARIA.

Good morning, mamma, pray kiss me and do not be angry; but to tell you the truth it is because I went to sleep again after I had been called.

MRS. CLIFFORD.

But that was surely your own fault, my dear girl. When you are called you should get up immediately.

MARIA.

I promise you to be very punctual in doing so for the future. But what are we going to do now, mamma?

I.

LE LEVER.

Mme Clifford.

Venez, ma chère Maria, il y a long-temps que je vous attends. Pourquoi avez-vous tant tardé?

Maria.

Bonjour, maman, embrassez-moi et ne soyez pas fâchée, je vous prie; mais, s'il faut vous le dire, c'est parce que je me suis rendormie après qu'on m'a appelée.

Mme Clifford.

Mais c'est bien votre faute, ma chère fille; quand on vous appelle vous devriez tout de suite vous lever.

Maria.

C'est ce que je vous promets de faire bien exactement à l'avenir. Mais qu'allons-nous faire maintenant, maman?

MRS. CLIFFORD.

It was my intention to have taken you out for a walk, before you sat down to your lessons, but it is so late that I have now no time to do so. But my dear Maria tell me what you have done to your hair?

MARIA.

No doubt, mamma, you think it does not look very nice, but it is because I made so much haste to come down when I awoke the second time.

MRS. CLIFFORD.

And why did you make such haste? Because you left every thing to the last moment. Yet you know that I like to see you look neat and nice as soon as you come down from your bed-room.

MARIA.

It is true, mamma, but I intended to go up stairs again by-and-by, during play-hours, to finish dressing.

MRS. CLIFFORD.

At least I hope you have washed your face

Mme Clifford.

J'avais eu l'intention de vous mener faire un tour de promenade avant que vous ne vous mettiez à vos leçons, mais il est si tard que je n'en ai plus le temps. Mais dites-moi, Maria, qu'avez vous donc fait à vos cheveux?

Maria.

Peut-être, maman, que vous ne les trouvez pas fort bien arrangés; c'est que je me suis tout-à-fait pressée pour descendre quand je me suis réveillée la seconde fois.

Mme Clifford.

Et pourquoi vous êtes-vous tant pressée? c'est parce que vous avez tout laissé jusqu'au dernier moment. Vous savez cependant que j'aime à vous voir propre et bien arrangée aussitôt que vous descendez de votre chambre à coucher.

Maria.

C'est vrai, maman, mais mon intention était de remonter tout-à-l'heure, pendant ma récréation pour finir de m'habiller.

Mme Clifford.

Au moins j'espère que vous vous êtes lavé

and hands. It is most indispensable, and if you have not done so, I beg you will go and do it immediately.

MARIA.

Oh yes, mamma, I can assure you I never neglect it and that I really could not come down from my room without having washed myself properly.

MRS. CLIFFORD.

I am very glad you think thus, my dear Maria. Never forget that though it is needless to think too much about dress, yet a young lady must never neglect the necessary care and neatness, without which her appearance would never be proper.

MARIA.

Yes, mamma, I will pay great attention to it. But nevertheless you know that you have often told me I must not spend much time in dressing.

MRS. CLIFFORD.

But you must take the necessary time. See what will happen to you from your not having dressed your hair properly in the

le visage et les mains. C'est une chose indispensable, et si vous ne l'avez pas fait, je vous prie d'aller le faire tout de suite.

Maria.

Oh ! oui, maman, je puis vous assurer que je n'y manque jamais, et qu'il me serait impossible de descendre de ma chambre sans l'avoir fait.

Mme Clifford.

Je suis bien aise que vous pensiez ainsi, ma chère Maria ; n'oubliez jamais que sans trop s'occuper de sa parure, une jeune demoiselle ne doit jamais négliger les soins qu'il faut nécessairement donner à sa toilette pour paraître propre.

Maria.

Oui, maman, j'y ferai bien attention ; mais cependant vous savez combien vous m'avez dit souvent qu'il ne fallait pas que j'y passe beaucoup de temps.

Mme Clifford.

Sans doute, mais il faut y mettre le temps nécessaire. Voyez ce qu'il va vous arriver pour ne point vous être coiffée tout de suite

morning. When your play hour comes, instead of going into the garden you will be obliged to go to your room. You will have to take off your frock; you will dirty your hands; therefore you will have to wash them once more and as you know I will not allow my maid to assist you in any of these things, you will see that before you have arranged your room your half hour's recreation will be over.

MARIA.

I had not thought about that, mamma.

MRS. CLIFFORD.

You must however begin to think a little more than you do. You are no doubt aware that this happens to you two or three times every week. Remember that a young lady's external appearance may often give a wrong idea of her, or cause those who see her to judge falsely of her good or bad qualities.

MARIA.

I promise you I will be much more careful in future. But, mamma, I see it is not yet eight o'clock. Though we have not

convenablement. Quand l'heure de votre récréation arrivera, au lieu d'aller au jardin vous serez obligée de monter à votre chambre. Il vous faudra ôter votre robe, vous vous salirez les mains, il faudra les laver encore une fois, et comme vous savez que je ne veux point que ma femme de chambre vous aide dans tout cela, il en résultera qu'avant d'avoir rangé votre chambre, votre demi-heure de récréation sera passée.

Maria.

Je n'y avais pas pensé, maman.

Mme Clifford.

Il faut cependant commencer à réfléchir un peu plus que vous ne le faites; vous savez bien que ceci vous arrive deux ou trois fois par semaine. Rappelez-vous que l'extérieur d'une jeune personne peut souvent faire mal juger d'elle, ou donner à ceux qui la voient une fausse idée de l'ensemble de ses bonnes ou mauvaises qualités.

Maria.

Je vous promets bien d'y mettre plus de soin dorénavant. Mais, maman, je vois qu'il n'est pas encore huit heures. Quoique nous

time to go and take a walk, allow me before I sit down to my lessons to go and run round the garden.

MRS. CLIFFORD.

Yes, my dear Maria, but do not fail to be back in ten minutes.

MARIA.

Thank you, mamma, I shall be very punctual.

n'ayons pas le temps d'aller faire une promenade, permettez-moi, avant de me mettre à mes leçons, d'aller faire un tour de jardin.

Mme Clifford.

Oui, ma chère Maria, mais ne manquez pas d'être de retour dans dix minutes.

Maria.

Merci, maman, je serai bien exacte.

II.

A WALK IN THE COUNTRY.

MRS. BELTON.

Come, my dear Adolphus, fetch your h‹ I am pleased with you to day and will ta you out for a walk with me.

ADOLPHUS.

Thank you, mamma. It will be ve delightful, for the weather is so fine!

MRS. BELTON.

How beautiful the sky appears! Ho clear and serene! The meadow we s‹ before us is also in all its beauty.

ADOLPHUS.

The spring has given new life to ever plant. Look how white these hawthorr are, and what a sweet smell they sprea around them. Here is a shepherd drivin

II.

LA PROMENADE A LA CAMPAGNE.

Mme Belton.

Allons, mon cher Adolphe, prends ton chapeau, je suis contente de toi et je vais te mener à la promenade avec moi.

Adolphe.

Je vous remercie, maman, ce sera un grand plaisir pour moi, il fait si beau aujourd'hui.

Mme Belton.

Quel beau ciel, qu'il est pur et serein! la prairie qui s'étend devant nous est aussi dans toute sa beauté.

Adolphe.

Le printemps a fait renaître toutes les plantes; vois ces aubépines, combien elles sont blanches et quelle douce odeur elles répandent. Voilà un berger qui ramène

his flock towards the farm. Oh! look mamma and tell me what he is carrying in his arms?

MRS. BELTON.

It is a little lamb which is no doubt just born. It often happens that they are too weak to follow their mother the first day; then the kind shepherd carries them as far as the fold.

ADOLPHUS.

Mamma, I should like to go towards the wood: perhaps we shall find some lilies of the valley and some violets and I will amuse myself with picking you a nosegay.

MRS. BELTON.

Thank you, my dear child. But I have promised the farmer's wife to go and see one of her children, who is ill this morning, and you will find enough on your way to amuse you.

ADOLPHUS.

Pray, mamma, tell me what that man is doing who is striding across that field, and moving his arm at the some time; he

son troupeau vers la ferme; oh! regarde donc maman! que porte-t-il dans ses bras?

Mme Belton.

C'est un jeune agneau qui vient sans doute de naître. Il leur arrive souvent d'être trop faibles pour suivre leur mère le premier jour; alors le bon berger les porte jusqu'à la bergerie.

Adolphe.

Maman, je voudrais bien aller du côté du bois, nous y trouverons peut-être des muguets et des violettes, et je m'amuserai à t'en faire un bouquet.

Mme Belton.

Merci, mon enfant, mais j'ai promis à la fermière d'aller chez elle ce matin voir un de ses enfans qui est malade, et tu trouveras en chemin de quoi t'amuser.

Adolphe.

Maman, dis-moi ce que fait cet homme qui se promène à grands pas dans ce champ en faisant aller un bras; il me semble qu'il

appears to me to take something out of the basket which he carries with him, and to throw it from him.

MRS. BELTON.

That man is sowing seed which will be useful either to us or to our cattle. Look into the next field; can you see that machine drawn by two horses and directed by a man who follows behind it; it is a plough.

ADOLPHUS.

And what is the use of it?

MRS. BELTON.

If you pay attention you will see that it is furnished with a piece of sharp iron which enters the earth and turns it up to plough it. Ploughing prepares the soil for receiving the seed which you see that man casting or rather, sowing.

ADOLPHUS.

But, mamma, the birds must carry away all that seed if it remains thus uncovered.

prend quelque chose dans le panier qu'il porte avec lui, et qu'il le jette au loin.

Mme Belton.

Cet homme sème de la graine qui deviendra utile pour nous ou pour nos bestiaux. Regarde dans le champ voisin; vois-tu cette machine traînée par des chevaux, et dirigée par un homme qui la suit; c'est une charrue.

Adolphe.

Et à quoi cela sert-il donc?

Mme Belton.

Si tu fais attention, tu verras qu'elle est munie d'un morceau de fer tranchant qui entre dans la terre et la retourne, pour la labourer. Le labourage prépare le sol à recevoir la graine que tu vois jeter ou semer par cet homme.

Adolphe.

Mais, maman, les oiseaux doivent emporter toute cette graine, si elle reste comme cela découverte.

MRS. BELTON.

After it has been strewed over the land in the way you see, another machine filled with spikes is drawn across the field. The spikes break the clods of earth turned up by the plough, and thus cover up the seed.

ADOLPHUS.

When we return this way in two or three weeks it will already be out of the ground, will it not, mamma? It will look very pretty, for all this piece of land will look like a great meadow.

MRS. BELTON.

We are drawing near the farm. Look there, my dear, do you see the colt running round its mother : and near that pond what quantities of ducks and geese leading their young to the water.

ADOLPHUS.

They now seem to be very happy, but the poor colt little thinks that he will soon have to be harnessed to a coach, and the ducks that they will serve us for food.

Mme Belton.

Après qu'elle a été étendue de la manière que tu vois, on traîne sur la terre labourée une autre machine garnie de dents. Ces dents brisent les morceaux de terre retournés par la charrue et recouvrent ainsi la graine.

Adolphe.

Quand nous reviendrons par ici, dans deux ou trois semaines, elle sera déjà hors de terre, n'est-ce pas, maman? Ce sera bien joli, car toute cette pièce de terre aura l'air d'une grande prairie!

Mme Belton.

Nous nous rapprochons de la ferme. Regarde là bas, mon ami, vois tu ce poulain qui court autour de sa mère: et près de cet étang, quelles troupes de canards et d'oies qui mènent leurs petits à l'eau.

Adolphe.

Ils ont maintenant l'air bien heureux: mais ce pauvre poulain ne se doute pas qu'il sera bientôt attelé à une voiture, ni les canards qu'ils serviront à nos repas.

MRS. BELTON.

The poor animals would, as you say, be very unhappy if they could foresee the fate which awaits them. That is why kind providence has only given them the necessary instinct to provide for their immediate wants, without being able to foresee the evils to which they are subject.

ADOLPHUS.

Let us go near that man who is hidden behind the hedge. He is holding some strings in his hand and seems to be watching what passes on the other side, very attentively. What is he doing, mamma?

MRS. BELTON.

He is a fowler and has just been setting his nets to catch small birds which he will afterwards go and sell at the nearest town.

ADOLPHUS.

But how does he manage to catch them?

MRS. BELTON.

He spreads his nets over the two frames which you may see on each side. Between, he throws seed on the ground to decoy the

Mme Belton.

Ces pauvres bêtes seraient trop malheureuses, comme tu le dis bien, si elles pouvaient prévoir le sort qui les attend ; aussi la providence bienfaisante ne leur a donné que l'intelligence qu'il leur faut pour pourvoir à leurs besoins immédiats, sans pouvoir prévoir les maux qui doivent leur arriver.

Adolphe.

Approchons de cet homme qui est caché derrière la haie. Il tient des ficelles à la main et paraît guetter avec beaucoup d'attention ce qui se passe de l'autre côté. Que fait-il donc, maman?

Mme Belton.

C'est un oiseleur qui vient de tendre ses filets pour prendre des petits oiseaux qu'il ira après cela vendre à la ville voisine.

Adolphe.

Et comment fait-il donc pour les prendre?

Mme Belton.

Il tend ses filets sur les deux cadres que tu vois là de chaque côté. Au milieu il jette à terre de la graine pour attirer les oiseaux, et

birds, and also makes use of tame birds, for the same purpose, which are shut up in a cage and called decoys. These birds attract the others by their chirping and when several are collected under the nets he pulls the string, which makes the frames fall upon them and the poor little birds are caught.

ADOLPHUS

That must be very amusing ; I should also like to catch some, but as I have no nets, pray tell me, mamma, if there is no other way in which I might try.

MRS. BELTON.

Many birds are also caught with small twigs smeared with bird-lime ; when the birds perch upon them, their feathers stick to them and they cannot fly, they fall to the ground and they may then easily be taken with the hand.

ADOLPHUS.

Mamma, when we get to the farm which I see near us, I shall ask the farmer's wife to give me leave to go into her garden and there I shall be sure to find quantities of

se sert aussi pour cela d'autres oiseaux renfermés dans une cage, et qu'on nomme appeaux. Ces oiseaux attirent les autres par leurs cris, et quand il s'en trouve suffisamment sous les filets, il tire sa corde qui les fait tomber, et les pauvres petits se trouvent pris.

Adolphe.

Cela doit être très-amusant; je voudrais bien en prendre aussi, mais comme je n'ai pas de filets, dis-moi, maman, s'il n'y aurait pas un autre moyen pour en attrapper.

Mme Belton.

On en prend aussi beaucoup avec des petites branches enduites de glu; quand les oiseaux s'y perchent, leurs plumes s'y collent et ils ne peuvent plus s'envoler; ils tombent à terre, et on peut alors les prendre facilement avec la main.

Adolphe.

Maman, quand nous arriverons à la ferme que je vois déjà tout près d'ici, je demanderai à la fermière la permission d'aller dans son jardin, et là, je serai sûr de trouver beaucoup d'oiseaux, qui mangent les fruits;

birds eating her fruit. I shall also ask her for some bird-lime and shall catch some. But pray, mamma, tell me why that man, whom I see yonder, is looking up into the air and knocking upon that scythe which he has in his hand.

MRS. BELTON.

It is to attract that swarm of bees which is flying in the air over our head. They will follow their queen until it pleases her to settle upon the branch of some tree, where they will all cluster round her, in the shape of a bunch of grapes, and the country people imagine that any tinkling sound attracts them.

ADOLPHUS.

And what will the countryman do then?

MRS. BELTON.

He will take a new hive, the inner side of which is first rubbed with honey or with some sweet smelling plant, and after he has covered his face and hands, he will sweep them into it, and will place the hive in the bee-house.

je lui demanderai aussi de la glu, et j'en attrapperai. Mais dis-moi, maman, pourquoi cet homme que je vois là bas regarde-t-il comme cela en l'air, en frappant sur cette faux qu'il tient à la main ?

Mme Belton.

C'est pour attirer cet essaim d'abeilles que tu peux apercevoir en l'air, au-dessus de ta tête. Elles vont suivre leur reine jusqu'à ce qu'il lui plaise de s'arrêter à quelque branche d'arbre où elles se grouperont autour d'elle, en forme de grappe de raisin, et les paysans pensent que ce tintement les attire.

Adolphe.

Et alors, que fera ce paysan ?

Mme Belton.

Il prendra une ruche neuve, dont on aura d'abord frotté l'intérieur avec du miel ou avec quelque plante odoriférante, et après s'être couvert la figure et les mains, il les y rassemblera, et rapportera la ruche à sa place.

ADOLPHUS.

And can you tell me, mamma, how they manage to take the honey, for it must be a difficult and even a dangerous business.

MRS. BELTON.

When it is necessary to take the honey and wax, sulphur is first burnt under the hive; it kills the bees and they fall to the bottom; then the honey-comb is taken out.

ADOLPHUS.

And what is done with the wax of which you have just spoken?

MRS. BELTON.

It is first yellow, but it is purified and then made into wax-candles and sealing-wax. It is also used for many other purposes which I cannot describe to you now, for we have just reached the farm, and I must go and speak to the farmer's wife, whilst you will go and wait for me in her garden, and I shall come and call you by-and-by.

Adolphe.

Et sais-tu, maman, comment on fait pour prendre le miel, car cela doit être difficile et même dangereux.

Mme Belton.

Lorsqu'on veut recueillir la cire et le miel, on commence par brûler du soufre sous la ruche ; cela tue les abeilles, qui tombent, et alors on prend les rayons de miel.

Adolphe.

Et que fait-on de la cire dont tu viens de parler?

Mme Belton.

Elle est d'abord jaune, mais on la purifie et on en fait des bougies et de la cire à cacheter. On l'emploie aussi pour bien d'autres choses, que je ne puis te raconter à présent, car nous voici arrivés à la ferme et je vais aller parler à la fermière, tandis que tu iras m'attendre dans son jardin où j'irai tout-à-l'heure te chercher.

III.

THE AMUSEMENTS OF THE COUNTRY.

HENRY.

Good morning, my dear George, how happy I am to see you : it is an immense time since we have met together.

GEORGE.

You are right for it is nearly a year since I went into the country; but I assure you the time has appeared very short to me, for I was too happy to be dull for a single instant.

HENRY.

Then I suppose that you have done nothing but play and run about in the fields?

GEORGE.

Oh no indeed, for I had at least four or five hours work a day. But after that I was free, and you know one can have much

III.

LES AMUSEMENS DE LA CAMPAGNE.

Henri.

Bonjour, mon cher George ; que je suis content de te revoir : il y a bien long-temps que nous ne nous sommes trouvés ensemble.

George.

C'est vrai, il y a presque un an que je suis parti pour la campagne ; mais je t'assure que le temps m'a paru bien court, car j'étais trop heureux pour pouvoir m'ennuyer un seul instant.

Henri.

Tu n'as donc fait autre chose que jouer et courir dans les champs?

George.

Oh ! non vraiment, car je travaillais au moins quatre ou cinq heures par jour. Mais après cela j'étais libre ; et à la campagne, tu

more amusement in the country than in town, where you are shut up all day in a close schoolroom, and if you go out, it is to take a serious, steady walk in the Tuileries or on the Boulevarts.

HENRY.

Come now tell me what you used to do. I wish I had been in your place, or at least that I had been with you.

GEORGE.

You know that I started just at the end of the winter, and that it was to go and live at papa's country house which is situated in such a pretty village. When I arrived there the trees were just beginning to bud and the first flowers of spring began to appear above the ground.

HENRY.

How happy you must have been! and what did you do on arriving?

GEORGE.

I first went to look at the garden. I asked the gardener to give me a small bit of

sais bien qu'on peut s'amuser beaucoup plus qu'à la ville, où on est enfermé toute la journée dans une vilaine étude ; ou bien si l'on sort par hasard, c'est pour aller se promener bien sérieusement aux Tuileries ou sur les Boulevarts.

Henri.

Raconte-moi donc un peu ce que tu faisais là bas. J'aurais bien voulu être à ta place, ou au moins avec toi.

George.

D'abord tu sais que je suis parti à la fin de l'hiver, et que c'était pour aller demeurer à la maison de campagne de papa, qui est située dans un très-joli village. Quand j'y suis arrivé, les arbres commençaient à se couvrir de feuilles, et les premières fleurs du printemps sortaient déjà de la terre.

Henri.

Que tu devais être heureux ! et qu'as-tu fait en arrivant ?

George.

Je suis allé premièrement voir le jardin. J'ai demandé au jardinier de me donner un

ground which I immediately began to cultivate.

HENRY.

Oh! what a learned gardener! I would lay a wager that you gave your legs some famous thumps with the spade and hoe.

GEORGE.

Not so indeed, I am not so awkward as you think me. The gardener, who is a very good fellow, showed me how to set about it and gave me all the plants I wanted. I also sowed all kinds of seeds But as my garden was very small, I had soon finished arranging it and then began to assist the gardener and the labourers in their work, until my salad and my flowers made their appearance.

HENRY.

That is to say, I think you were always at their heels, playing them a thousand tricks, for I know you of old my dear George.

GEORGE.

You make a great mistake Mr. Henry,

petit coin de terre, que je me suis tout de suite mis à cultiver.

Henri.

Ah! le savant jardinier! je parie que tu as dû te donner de fameux coups de bêche et de sarcloir dans les jambes.

George.

Pas du tout, je ne suis pas si maladroit que tu le penses. Le jardinier, qui est bon enfant, m'a montré comment il fallait m'y prendre, et m'a donné les plantes nécessaires. J'y ai aussi semé toutes sortes de graines. Mais comme mon jardin était bien petit, j'ai eu bientôt fini de l'arranger, et en attendant que mes salades et mes fleurs se fissent voir, je me suis mis à suivre les travaux du jardinier et des laboureurs.

Henri.

C'est-à-dire, sans doute que tu étais toujours à leurs trousses, pour leur faire mille niches, car je te connais bien, mon cher George.

George.

Vous vous trompez beaucoup, Monsieur

for I can assure you that I think I am now perhaps much steadier than you, who choose to laugh at me in this manner.

HENRY.

Come pray do not be angry; I only said it in jest. But George tell me if you did not find some bird's nests.

GEORGE.

Why surely I found a few, but only by chance, for as mamma and my sisters do not like to have them destroyed, I did not look for them on purpose. Besides they were so pretty, that I should have been sorry to take them.

HENRY.

However you might have brought up a brood of them. I should have been very pleased if you had brought me one.

GEORGE.

Yes, to be eaten by your ugly cat, or to have its legs broken with your strings, or that you might kill it with your arrows.

Henri, car je crois être maintenant, je vous assure, beaucoup plus raisonnable peut-être que vous, qui vous amusez si bien à mes dépens?

Henri.

Allons, ne te fâches pas; ce que j'ai dit n'était que pour rire. Mais dis-moi donc, George, n'as-tu pas trouvé des nids d'oiseaux.

George.

Certainement; j'en ai trouvé quelques-uns, mais par hasard, car, comme maman et mes sœurs n'aiment point qu'on les détruise, je ne les cherchais pas exprès : d'ailleurs ils étaient si gentils, que cela m'aurait fait de la peine de les prendre.

Henri.

Cependant tu aurais bien pu en prendre un; j'aurais été bien aise d'avoir un oiseau de ta part.

George.

Oui, pour être mangé par ton vilain chat, pour que tu lui casses les pattes avec tes ficelles, ou pour le tuer avec tes flèches.

There was no need of that, I had many other amusements.

HENRY.

And pray tell me what they might be.

GEORGE.

Towards the end of the spring, when the mornings were fine, I used to get up very early and go with my sisters to gather strawberries for our breakfast. We then returned to work until the afternoon, and when papa was pleased with me he would take me out with him on a little horse which he had bought for me.

HENRY.

And during all that time I had but those miserable wooden horses in the Champs Elysées, and even those only on thursdays and sundays, when I had been very good during the rest of the week; which was not always the case. Oh papa must take me into the country this year!

GEORGE.

When summer came we had other plea-

Cela n'était pas nécessaire ; j'avais bien d'autres amusemens encore.

Henri.

Et quels étaient-ils donc, ces plaisirs, je te prie?

George.

Vers la fin du printemps, quand les matinées étaient belles, je me levais de bonne heure pour aller avec mes sœurs, cueillir des fraises pour notre déjeuner. Après cela, nous rentrions travailler jusque dans l'après-midi, et quand papa était content de moi, il me menait avec lui faire une promenade sur un petit cheval, qu'il m'a acheté.

Henri.

Et moi, pendant tout ce temps je n'avais que ces misérables chevaux de bois des Champs-Élysées, et encore seulement le jeudi et le dimanche, quand j'avais été bien sage le reste de la semaine, ce qui n'arrivait pas toujours. Oh! il faudra que papa me mène à la campagne cette année.

George.

Quand l'été est arrivé, nous avons eu de

sures. We went into the meadow to help to turn the hay. Oh! how delightful it was to roll about upon it and to bury each other under immense armsful of grass. And then, when we were very hot with running about, we went to lay down under the shade of some large tree, to eat our luncheon of cherries or other fruit, picked by ourselves.

HENRY.

No doubt you did not confine yourself to the fruit of your own garden, for I think that with so poor a gardener as you, it could not be very fine. But you have not said anything to me about the farm; your father has no doubt a farmyard and a sheepfold.

GEORGE.

Yes, we have both and I assure you nothing can be more amusing. I had taken upon myself the care of feeding the fowls every morning, and it was very curious to see them quarrelling about a grain of corn. There was a large turkey that was very spiteful and greedy, and always wished to

nouveaux plaisirs. Nous allions dans la prairie aider à retourner le foin. Ah! quel plaisir nous avions à nous rouler dessus, et à nous couvrir sous d'immenses brassées d'herbe; et puis quand nous avions bien chaud à force de courir, nous nous étendions à l'ombre de quelque grand arbre, pour y manger notre goûter de cerises et d'autres fruits que nous allions cueillir nous-mêmes.

Henri.

Tu ne t'es pas contenté sans doute de ceux de ton jardin; car je pense qu'avec un aussi pauvre jardinier que toi, il ne devait pas y en avoir de très-beaux. Mais tu ne m'as pas parlé de la ferme; ton père a sans doute une basse-cour et une bergerie.

George.

Oui, nous avons les deux, et je t'assure que rien n'est plus amusant. Je m'étais chargé de donner à manger à la volaille tous les matins, et c'était fort drôle de les voir se débattre pour un grain de blé. Il y avait un gros dindon qui était fort méchant et gourmand, et qui voulait toujours écarter les

push the others out of the way to get more than his share. But as he was as cowardly as he was fat, he used to get soundly beaten and driven away by the cock, which took part with the hens and chickens.

HENRY.

You must also have seen the sheep-shearing. I remember when I went into the country, two years ago, I was very much amused by it.

GEORGE.

What is most curious, is to see them taken to be washed in the pool, before they are shorn. They take the most prodigious leaps, and it is sufficient, if you get but one sheep into the water, to make the greater part of the flock follow it. But, my dear Henry, the country is most delightful in the autumn, particularly at our house, where we have such variety of fruit. Every day brings with it a new pleasure.

HENRY.

Particularly for gentlemen who are so dainty as you. You have then a very large orchard?

autres pour avoir plus que sa part ; mais comme il était aussi poltron qu'il était gros, il se faisait joliment battre et chasser par le coq, qui prenait la défense des poules et poulets.

Henri.

Tu auras vu aussi tondre les moutons. Je me rappelle, quand je suis allé à la campagne, il y a deux ans, que cela m'a beaucoup diverti.

George.

Ce qui est le plus drôle, c'est de les voir conduire au lavoir, avant qu'on ne les tonde. Ils y font des sauts prodigieux, et il suffit de faire entrer un mouton dans l'eau, pour que la plus grande partie du troupeau l'y suive. Mais c'est dans l'automne, mon cher Henri, que la campagne est bien plus agréable, surtout chez nous, où il y a tant de fruits; c'est tous les jours un nouveau plaisir.

Henri.

Surtout pour les messieurs qui sont aussi friands que toi. Vous avez donc un bien grand verger?

GEORGE.

We have not only a fine orchard which contains apples, pears and fruits of every sort, in abundance, but we have also quantities of grapes, with which we have made several casks of wine this year.

HENRY.

I shall amuse myself well, I can tell you, if we go into the country next spring. But we have not so fine a country house as your father's and during papa's long absence they scarcely cultivate the garden, so that we get but very little fruit.

GEORGE.

Ah you regret that, do you, and it is but a minute since you were laughing at me because I appeared fond of it. But beware of it when you go, for I was quite ill this year, from having eaten too much fruit at the commencement.

HENRY.

Thank you Mr. Wiseacre for your good

George.

Nous n'avons pas seulement un beau verger, qui contient des pommes, des poires et des fruits de toute espèce en abondance, mais nous avons aussi beaucoup de raisin, dont nous avons, cette année, fait plusieurs pièces de vin.

Henri.

Je m'amuserai bien aussi, je t'en réponds, si nous allons à la campagne au printemps prochain. Mais nous n'avons pas une aussi belle maison de campagne que celle de ton père, et pendant les longues absences de papa, on cultive à peine le jardin ; cela fait que nous n'y trouvons que peu de fruits.

George.

Ah! tu le regrettes, n'est-ce pas? et il n'y a qu'un moment que tu te moquais de moi parce que je paraissais les aimer. Mais prends-y garde quand tu y seras, car, moi-même j'ai été bien indisposé cette année pour en avoir trop mangé au commencement.

Henri.

Merci, Monsieur le prédicateur, de vos

advice, but I am not there yet, and I have unfortunately still four long winter months to spend in this horrid town before I may hope to leave it.

GEORGE.

Do not be grieved about it, my dear Henry. If your father does not go into the country this year, I promise you that papa will do me the favor to invite you to spend at least the holidays with us.

---

sages conseils, mais je n'y suis pas encore, et j'ai malheureusement quatre longs mois d'hiver à passer dans cette détestable ville avant de pouvoir espérer la quitter.

George.

Ne t'en chagrine pas, mon cher Henri : si ton père n'y va pas cette année, je te promets que papa me fera le plaisir de t'inviter à venir passer au moins le temps des vacances chez nous.

IV.

THE GARDEN.

MARY.

Oh! mamma how delightful it is to be in the country at last, and how pleased I am that we have left those ugly streets, where I could not run about as I liked; now I shall be able to skip and jump and take as much exercise as I please.

MRS. VERNON.

Yes, my dear Mary, you will be able to run about here much more at liberty than in Paris; but be prudent, particularly during a few days. If you are not careful, you will overfatigue yourself and make yourself ill.

MARY.

Oh! do not fear that, mamma. I assure you I mean to be very good, and intend to be very attentive to every thing that you will tell me.

IV.

LE JARDIN.

Marie.

Ah ! maman, quel plaisir d'être enfin arrivées à la campagne, et que je suis contente d'avoir quitté ces vilaines rues, où on ne peut courir à son aise ! Au moins je vais pouvoir m'exercer ici tant que je le voudrai à sauter et à gambader.

Mme Vernon.

Oui, ma chère Marie, tu pourras courir ici bien plus librement qu'à Paris, mais sois prudente, surtout pendant les premiers jours. Si tu n'y prends pas garde, tu te fatigueras et tu te rendras malade.

Marie.

Oh ! ne craignez pas cela, maman, je vais être bien sage, et je ferai bien exactement tout ce que vous me direz.

MRS. VERNON.

Well, we shall begin by walking round this pretty garden, the whole of which we have not yet seen, and at the same time you can pick a few flowers to ornament the drawing-room.

MARY.

Most willingly, mamma; nothing could give me more pleasure. But what shall I begin with, for I see such a variety of flowers, that I really am quite puzzled which to take first.

MRS. VERNON.

Let us follow this path, bordered with sweet briar and honey suckle. What a sweet smell they spread around them! We shall soon find some roses, with which you must form the greater part of your nosegay.

MARY.

Look at these beautiful lilies, mamma; the smoothness of their petals surpasses that of satin, and their whiteness equals that of snow.

Mme Vernon.

Nous allons donc commencer par faire le tour de ce joli jardin, que nous ne connaissons pas encore en entier; en même temps tu pourras me cueillir quelques fleurs pour orner notre salon.

Marie.

Volontiers, maman, rien ne saurait me faire plus de plaisir. Que voulez-vous que je vous cueille, car je vois une si grande variété de fleurs, que je ne sais vraiment par lesquelles commencer.

Mme Vernon.

Prenons ce sentier bordé d'églantiers et de chèvrefeuilles. Quelle douce odeur ils répandent! Nous y trouverons aussi des roses, et je désire que cela forme la principale partie de ton bouquet.

Marie.

Vois, maman, ces beaux lis : le velouté de leurs pétales surpasse celui du satin, et leur blancheur est égale à celle de la neige.

MRS. VERNON.

Yes, my dear child; the lily is the emblem of purity: happy the child whose heart is as pure. Yet the least thing suffices to tarnish its brightness and it is thus also that a word or even a thought might injure your innocence. But here are the rose-bushes; see what a variety; here are some of every sort.

MARY.

Pray, mamma, tell me what the rose is the emblem of. I am very delighted to learn all those pretty things.

MRS. VERNON.

It is the emblem of modesty. The blush of innocence is still more beautiful than the tint of the rose. Let your heart always equal the purity of the lily, and your cheeks will retain the freshness of the rose.

MARY.

How happy I should be, mamma, always to have such a pretty garden, and what pains I should take to cultivate it. I fancy I could

Mme Vernon.

Oui ma chère enfant : le lis est l'emblême de la pureté. Heureuse la jeune fille dont le cœur est aussi pur. Mais un souffle suffit pour en ternir l'éclat. C'est ainsi qu'il ne faut qu'une parole, qu'une pensée, pour porter atteinte à l'innocence. Mais nous voilà arrivées aux rosiers ; regarde quelle variété ; il y en a de toutes les nuances.

Marie.

Dis-moi donc encore, maman, de quoi la rose est-elle l'emblême? Toutes ces jolies choses me font beaucoup de plaisir à apprendre.

Mme Vernon.

C'est l'emblême de la pudeur. La rougeur de l'innocence est encore plus belle que l'incarnat de la rose. Que la pureté de ton cœur égale toujours la blancheur du lis, et tes joues conserveront la fraîcheur de la rose.

Marie.

Que je serais heureuse, maman, d'avoir toujours un aussi joli jardin, et que de peine je me donnerais pour le cultiver ! Il me

pass whole days watching the growth of my favorite plants.

MRS. VERNON.

Yes, my dear girl, it is a very natural taste at your age. How many parents spend large sums in purchasing expensive dresses and useless trinkets for their children; whilst they might at much less expense procure them purer and more durable enjoyments.

MARY.

I wish I could put a few violets among these large flowers, but it is almost impossible to do so. Look; their stalks are so short that they fall through as fast as I attempt to place some among the others.

MRS. VERNON.

My dear child, let this sweet flower always remind you of simplicity and reserve. You will always find it concealed amongst the grass, under which it grows. We cannot find it without searching after it, and our only guide in our search, is the sweet perfume it, exhales.

semble que je passerais volontiers des journées entières à contempler les progrès de mes fleurs favorites.

Mme Vernon.

Oui, ma chère fille, c'est un goût bien naturel à ton âge. Combien de parens dépensent beaucoup pour procurer à leurs enfans des toilettes et des bijoux inutiles, tandis qu'ils pourraient leur procurer des jouissances plus pures et plus vraies à bien moins de frais.

Marie.

Je voudrais bien pouvoir te mettre des violettes parmi ces grandes fleurs, mais il m'est presque impossible de le faire. Vois, la tige en est si courte qu'elles retombent à mesure que je tâche de les arranger.

Mme Vernon.

Chère enfant, que cette fleur si modeste soit pour toi l'image de la simplicité et de la réserve. Toujours cachée parmi l'herbe qui la couvre, il faut la chercher pour la trouver, et nous n'avons pour nous guider dans nos recherches que la douce odeur qu'elle répand.

MARY.

The sun begins to feel very hot in this open place; dear mamma, shall we go and rest ourselves under the arbour which you see yonder at the end of the covered walk?

MRS. VERNON.

Yes, my dear, if you like, but on our way let us admire the charming plants which form the delightful walk that leads to it. Look, here are clematis and jessamines interwoven with hops, the thick foliage of which covers the trellis work and preserves us from the heat of the sun.

MARY.

And look at these pretty sweet peas and nasturtiums which fill up all the lower part. The foliage is so very thick that not a single ray can pierce it.

MRS. VERNON.

How elegant are the white and pink blossoms of these sweet peas. This slender plant cannot raise itself above the ground without a support; otherwise it would creep in the

Marie.

Il commence à faire bien chaud ici au soleil; veux-tu, maman, que nous allions nous reposer sous ce berceau que je vois là bas, au bout de cette jolie allée couverte ?

Mme Vernon.

Oui mon enfant, je le veux bien, mais tout en y allant, admirons ces charmantes plantes qui bordent la délicieuse allée que nous allons traverser. Regarde, voici des clématites et du jasmin, entremêlés avec du houblon, dont le feuillage épais recouvre le sommet du grillage et nous garantit de l'ardeur du soleil.

Marie.

Regarde aussi ces jolis pois de senteur et ces capucines dont on a garni tout le bas; le feuillage est si épais qu'à peine il y pénètre un seul rayon de soleil.

Mme Vernon.

Que les feuilles blanches et roses de ces pois de senteur sont élégantes! Cette plante déliée ne pourrait s'élever au-dessus de la terre sans un soutien; seule, elle ramperait

dust; it is thus, my dear child, that you must attach yourself to your Creator and elevate your mind above the troubles and cares of this world.

MARY.

Well, here we are at last; I am quite tired. How delightful it is to sit down here in the cool shade. We must arrange the flowers I have gathered, in the basket, that we may not take home so many useless leaves. Besides that, I shall be able to find close by, all the other flowers I still want.

MRS. VERNON.

Very well, my dear; I like to see you so thoughtful about any thing you do; but why can you not do just the same with respect to your studies, as your amusements.

MARY.

You are right, mamma, but my lessons are frequently not so easy to make out as it is to arrange my flower basket, and besides that, they are never so agreeable, is it not true!

dans la poussière ; c'est ainsi, ma chère enfant, qu'il faut t'attacher à ton créateur et t'élever au-dessus des peines et des soucis de la terre.

Marie.

Ah! nous voilà arrivées : je n'en puis plus. Quel plaisir de s'asseoir ici à l'ombre et au frais. Nous allons arranger dans la corbeille les fleurs que j'ai cueillies ; cela nous évitera de rapporter à la maison tant de feuilles inutiles. D'ailleurs je trouverai probablement près d'ici ce qui pourrait encore me manquer.

Mme Vernon.

Bien, ma fille ; j'aime à te voir apporter de la réflexion à tout ce que tu fais ; mais pourquoi ne peux-tu faire pour ton travail ce que tu fais bien pour tes amusemens?

Marie.

C'est vrai, maman, mais mes leçons ne sont souvent pas aussi faciles à démêler que ma corbeille de fleurs, et puis cela n'est jamais aussi agréable, n'est-ce pas, là, vraiment?

MRS. VERNON.

Why should you not find as much pleasure, my dear child, in adorning your mind as you seem to feel in ornamenting our apartment? These flowers are but transitory, but those of the mind, instead of fading, will still improve with cultivation.

MARY.

However I never was so happy as at this moment. But oh! oh! mamma see how I have hurt myself with this nasty rose. Look how it has made my finger bleed.

MRS. VERNON.

It has given you a better lesson than you are perhaps aware of, my dear child. It was but this moment you were saying that you had never been happier, and now your eyes are filled with tears. It shows you, my dear girl, how much we must be on our guard against the allurements of pleasure, and that we frequently find the most pain where we expected the most happiness.

Mme Vernon.

Et pourquoi, mon enfant, ne trouverais-tu pas autant de plaisir à orner ton esprit que tu sembles en avoir à orner notre appartement? Ces fleurs ne sont que passagères; et celles de l'esprit, au lieu de passer, ne pourront que gagner à mesure que tu les cultiveras davantage.

Marie.

Cependant jamais je n'ai été si heureuse que dans ce moment: mais aïe! aïe! maman, Comme cette vilaine rose vient de me faire du mal! Regardez donc comme elle m'a fait saigner le doigt.

Mme Vernon.

Elle vient de te donner là une meilleure leçon que tu ne penses, ma chère amie. Tu disais tout-à-l'heure que tu n'avais jamais été plus heureuse, et voilà tes yeux qui se remplissent de larmes. Tu vois donc, ma chère enfant, qu'il faut toujours être sur ses gardes contre l'attrait du plaisir, et que l'on trouve souvent le plus d'amertume, là ou l'on croyait trouver le plus de bonheur.

MARY.

It is true, dear mamma, and I will endeavour to follow your good advice. Alas! I should have avoided many little troubles if I had never deviated from it.

MRS. VERNON.

Come my child, it is time to return to the house, for I hear the breakfast bell, and I am sure you must be hungry after having been so long in the garden.

Marie.

Vous avez raison, ma bonne mère, et je m'efforcerai de suivre vos sages conseils. Hélas je me serais déjà évité bien des petits chagrins, si je ne m'en étais jamais écartée.

Mme Vernon.

Allons, mon enfant, il est temps de rentrer, car j'entends la cloche du déjeuner, et tu dois avoir faim depuis le temps que nous sommes au jardin.

V.

THE DINETTE.

LUCY.

Mamma, do you see how it rains; we shall not be able to go out for a walk and visit our cousins: will you allow us to send for them and we shall make a dinette to amuse ourselves?

MRS. BEAUFORT.

Very willingly, my dears; I have been so pleased with you this week that I will not refuse you that pleasure. Eliza shall give you all you require for your little dinner.

MARY.

Oh thank you, mamma; how we shall amuse ourselves! let us run quickly and arrange our room and ask Eliza to give us all sorts of nice things.

V.

LA DINETTE.

Lucie.

Maman, voyez donc comme il pleut; nous ne pourrons aller nous promener et voir nos cousines : voulez-vous que nous les envoyons chercher? nous ferons une dinette pour nous amuser.

Mme Beaufort.

Bien volontiers, mes enfans; j'ai été si contente de vous, cette semaine, que je ne veux pas vous refuser ce plaisir! Elisa va vous donner ce qui sera nécessaire pour votre petit diner.

Marie.

Oh! je vous remercie, maman; comme nous allons nous amuser! Courons vite arranger notre chambre et demander à Elisa de nous donner toutes sortes de bonnes choses.

MRS. BEAUFORT.

Gently, Mary. You know your sister Lucy has been ill; I must first know what you wish to have, and I will go and speak to her about it myself.

MARY.

Oh! we must have a great many sweetmeats and quantities of sugar. That is what I prefer.

MRS. BEAUFORT.

No, no, my dear Mary, do you not perceive it is the very worst thing for your sister Lucy, who, though older than you, might perhaps be tempted to eat too many of them. You had better take some nice ripe fruit, some biscuits and a few cakes. Good-bye, I will send you all you require. (*Exit.*)

LUCY.

How fortunate we are, my dear Mary, to have been so good! you see mamma always rewards us, for it; but come, let us make haste to prepare our room.

Mme Beaufort.

Doucement, Marie, vous savez que votre sœur Lucie a été malade; il faut d'abord que je sache ce que vous désirez, et je vais lui en parler moi-même.

Marie.

Oh! nous voulons beaucoup de bonbons et de sucre; j'aime mieux cela, moi.

Mme Beaufort.

Non, non, ma chère Marie, ne vois-tu pas que c'est tout ce qu'il y a de plus mauvais pour ta sœur Lucie, qui serait, quoique plus âgée que toi, peut-être tentée d'en manger trop. Il vaut bien mieux que vous ayez des fruits bien mûrs, des biscuits et des gâteaux. Adieu, je vais vous envoyer tout ce qu'il vous faut. (*Elle sort*).

Lucie.

Quel bonheur, ma chère Marie, d'avoir été sages! tu vois que maman nous en récompense toujours; mais dépêchons-nous de préparer notre chambre.

MARY.

Here is the pretty little set of English China which our uncle Henry gave us for our new year's gift. I will wipe it whilst you are arranging our little table and the seats.

LUCY.

Well, well, but what shall I cover the table with! I must have a table-cloth. Ah! I will take this pretty damask napkin.

MARY.

Why do you not make haste, my plates are all ready and here is Eliza, coming with what mamma has sent us and you have not yet done anything.

LUCY.

Pray hold your tongue miss giddy-pate. At all events what I do is well done. Look at the dust which you have left on those dishes.

MARY.

Well never mind. Let us see what is

Marie.

Voilà le joli petit service de porcelaine anglaise que notre oncle Henri nous a donné pour nos étrennes. Je vais l'essuyer pendant que tu placeras notre petite table et nos fauteuils.

Lucie.

C'est bien ; mais avec quoi la couvrirai-je donc notre table? Il me faut une nappe ; ah! je vais prendre cette jolie serviette damassée.

Marie.

Dépêche-toi donc, mes assiettes sont déjà toutes prêtes, voilà Elisa qui nous apporte ce que maman nous envoie, et tu n'as encore rien fait.

Lucie.

Taisez-vous, mademoiselle l'étourdie ; ce que je fais je le fais bien au moins ; regardez la poussière que vous avez laissée sur ces plats.

Marie.

Eh bien! voyons ce qu'on nous apporte,

brought us, and leave me alone with your sermons.

LUCY.

Now, miss, you are already beginning your disagreeable speeches. Ah! somebody knocks, I hope it is our cousins.

The Preceding: THEIR COUSINS, MATILDA AND BERTHA, AND ADOLPHUS THEIR FRIEND.

LUCY.

Good morning, my dear friends; we are very happy to see you; how kind you are to come and stay a few hours with us.

MATILDA.

Thank you, miss; we have received your kind invitation and have hastened to accept it.

BERTHA.

And as our friend Adolphus was spending the day at our house, we thought we might bring him with us without any indiscretion.

ADOLPHUS (*Bowing*).

Oh, these young ladies are too obliging

et laissez-moi tranquille avec vos sermons.

Lucie.

Voilà, mademoiselle, que vous commencez déjà vos propos désobligeans. Ah ! l'on frappe ; j'espère que ce sont nos cousines.

Les Précédentes : LEURS COUSINES, MATILDE ET BERTHE, ET ADOLPHE, LEUR AMI.

Lucie.

Bonjour, mes chères amies ; nous sommes bien heureuses que vous ayez bien voulu venir passer quelques heures avec nous.

Matilde.

Bien obligées, mademoiselle : nous avons reçu votre aimable invitation, et nous nous sommes empressées de nous y rendre.

Berthe.

Et comme notre ami Adolphe était venu passer la journée chez nous, nous avons pensé que nous pouvions l'amener sans indiscrétion.

Adolphe (*les saluant*).

Oh ! ces demoiselles sont trop obligeantes

to feel angry at your having brought me with you. Besides that, we are old acquaintance.

MARY.

Come my friends, a truce to compliments; we will go and sit down to table and begin our dinner.

ADOLPHUS.

What a charming dinner! but who could ever give you so many good things? how I shall eat! I feel dreadfully hungry.

BERTHA.

Gently pray, Mr. Adolphus, we are very well aware that in general you have no want of appetite, but pray, moderate it a little if you please.

MATILDA.

Oh I am sure that Adolphus will conduct himself well, and that he will not behave like that disagreeable little Ernest, who threw a bowl of cream in his sister's face, the other day, because she would not let him drink it all.

pour vous en vouloir de m'avoir amené. D'ailleurs nous sommes de vieilles connaissances.

Marie.

Allons, mes amis, assez de complimens; nous allons nous mettre à table, et commencer notre diner.

Adolphe.

Quel charmant diner! mais qui donc vous a donné tant de bonnes choses? Que je vais en manger! Je me sens un appétit dévorant.

Berthe.

Doucement, je vous prie, monsieur Adolphe, nous savons bien qu'en général vous ne manquez pas d'appétit; modérez-le un peu, s'il vous plait.

Matilde.

Oh! je suis bien sûre qu'Adolphe se conduira bien et qu'il ne fera pas comme ce vilain petit Ernest, qui l'autre jour a jeté un bol de crême à la figure de sa sœur, parce qu'elle ne voulait pas qu'il le mangeât tout entier.

LUCY.

Bertha, come and place yourself here near me. Adolphus will sit opposite to us. Mary will take a seat near him, and Matilda between her and Bertha : now, I will help you to some soup. I think it is chocolate and milk.

ADOLPHUS.

It is excellent. Will you be so good as to help me to a little more.

BERTHA.

Pray wait a moment, Mr. Adolphus; do you not know that nothing is more vulgar than to be helped twice to soup.

ADOLPHUS.

That is quite indifferent to me; when I find it good I always ask for more.

MATILDA.

Really how rude little boys are. Indeed, my friends I must apologize to you for Adolphus's unpoliteness, but you know they are all alike.

Lucie.

Berthe, mettez-vous ici, auprès de moi, Adolphe va se placer vis-à-vis. Marie se mettra auprès de lui, et Matilde entre elle et Berthe : maintenant je vais vous servir le potage ; c'est, je crois, du chocolat au lait.

Adolphe.

Il est excellent! Voudriez-vous m'en servir encore un peu?

Berthe.

Attendez donc, Monsieur Adolphe ; ne savez-vous pas que rien n'est de plus mauvais ton que de prendre du potage une seconde fois ?

Adolphe.

Cela m'est bien égal ; quand je le trouve bon j'en redemande toujours.

Matilde.

Ah ! que ces petits garçons sont mal élevés! Vraiment, mes amies, je vous demande pardon des impolitesses d'Adolphe. Mais, vous le savez, ils sont tous comme cela.

LUCY.

Come, come, we must not begin to quarrel. Adolphus may eat the remainder of the soup, and whilst he is engaged about it I will cut up this plumcake which supplies the place of the roast meat.

BERTHA.

What a good idea! Indeed its colour is not unlike that of roast meat a little burnt.

ADOLPHUS.

It will not be any the worse for that. I will tell you my opinion of it in a moment.

MATILDA.

No doubt you are always ready. But I can inform you, Sir, that this time you cannot take any more, for the five shares are equal.

LUCY.

So much the better, it will prevent disputes; now pray let me help you to some of this pigeon.

Lucie.

Allons, il ne faut point commencer à nous quereller; Adolphe va manger le reste du potage, et, pendant qu'il s'en occupera, je vais découper ce plumcake qui nous tient lieu de rôti.

Berthe.

La bonne idée, vraiment ! mais, à la couleur, cela ressemble un peu à du rôti brûlé.

Adolphe.

Il n'en sera pas plus mauvais pour cela. Je vais vous en dire mon opinion dans un instant.

Matilde.

Sans doute, vous êtes toujours prêt; mais je vous avertis, Monsieur, que cette fois on n'y pourra revenir , car les cinq portions sont égales.

Lucie.

Tant mieux; cela évitera les disputes. Maintenant permettez-moi de vous servir un peu de ces pigeonneaux.

BERTHA.

What is that? Ah I see; they are pears which you have extremely well cut out: and the currants you have placed around them are no doubt intended to represent peas.

MARY.

Just so. The idea was mine, do you not think it an excellent one?

ADOLPHUS.

The idea is really exquisite, but the dish is still more so, and if no one will have any more I will finish it.

MATILDA.

For shame! Adolphus; how greedy you are. Really! I will never take you out any where else with me.

LUCY.

Oh! pray let him alone; on the contrary I can assure you I am delighted that he thinks every thing so good.

MARY.

Oh! dear me! I was quite forgetting my

Berthe.

Qu'est-ce donc? ah! je vois, ce sont des poires que vous avez fort bien découpées : et les groseilles dont vous les avez entourées sont là, sans doute, en qualité de pois.

Marie.

Justement ! C'est une idée à moi; ne la trouvez-vous pas excellente?

Adolphe.

L'idée est vraiment délicieuse, mais le plat l'est encore davantage, et si personne n'en veut plus, je vais l'achever.

Matilde.

Fi! donc, Adolphe; que vous êtes gourmand. Vraiment! je ne vous mènerai plus nulle part avec moi.

Lucie.

Oh! laissez-le donc, je vous en prie; je suis enchantée, moi, au contraire, qu'il trouve tout si bon.

Marie.

Ah! mon Dieu! j'oubliais ma pauvre pou-

poor doll. Dear Fanny! she is no doubt awake. I will go and fetch her.

ADOLPHUS.

Yes, yes, pray bring her. But remember that it will be no reason for giving you a double share.

BERTHA.

Here is a little salad made with oranges which seems to be very nicely mixed. Can I offer some to any one?

LUCY.

I prefer cherries. Will you help me to a few if you please?

MATILDA.

Now that we are at desert I have something to offer you which, I hope, will please you. Here are some pretty sweetmeats, in the shape of eggs, which Papa gave me at Easter and which I have kept for some grand opportunity : when for instance we should make a dinette together. Adolphus will be so kind as to distribute them.

pée, cette chère Fanfan, elle sera sans doute réveillée. Je vais la chercher.

Adolphe.

Oui, oui, amenez-la ; mais cela ne sera pas une raison pour vous donner une portion double.

Berthe.

Voici une petite salade d'oranges qui me semble parfaitement bien arrangée ; puis-je en offrir à quelqu'un?

Lucie.

Je préfère des cerises. Voulez-vous m'en passer quelques-unes, s'il vous plaît?

Matilde.

Maintenant que nous en sommes au dessert, j'ai quelque chose à vous offrir, qui va, j'espère, vous faire plaisir. Ce sont de jolis œufs en sucre que papa m'a donnés à Pâques et que j'ai réservés pour quelque grande occasion ; quand, par exemple, nous ferions la dinette ensemble. Adolphe va avoir la complaisance de les servir.

ADOLPHUS.

As there are but four, they must be for you alone, young ladies. I fancy they contain some toy : break them with care and let us see what it is.

LUCY.

Oh how pretty! mine contains a nice little book.

MARY.

And mine a small thimble.

BERTHA.

I have a pretty needle case.

MATILDA.

And I a handsome smelling bottle.

LUCY.

How kind of you my dear Matilda to have thought of us. We had invited you, and it is you who bring us such pretty presents!

MATILDA.

Are we not friends? And besides, is it not just that each of us should furnish what we

Adolphe.

Comme il n'y en a que quatre, ils seront pour ces demoiselles. Je devine qu'ils contiennent quelque joujou : cassez-les avec soin et voyons ce que c'est.

Lucie.

Oh que c'est joli! le mien contient un charmant petit livre.

Marie.

Et le mien un petit dé.

Berthe.

Moi, j'ai un joli étui.

Matilde.

Et moi un beau flacon.

Lucie.

Que vous êtes bonne, ma chère Matilde, d'avoir pensé à nous comme cela. Quoi! nous vous invitons, et c'est vous qui nous apportez de si charmans cadeaux!

Matilde.

Ne sommes-nous pas amies! et d'ailleurs, n'est-il pas juste que chacun fournisse ce qu'il

VI.

ON THE AMUSEMENTS OF THE TOWN.

SOPHIA.

Ah! my dear Cecilia, how happy I am to see you! What can you have been doing to have been so long without coming to see me?

CECILIA.

If you knew how much we have been engaged for some time past, my dear Sophia, you would not be angry with me. We have had two of our relations from Lyons, on a visit, and mamma has taken them to see a great many interesting sights which they only knew by name, and with which I assure you they have been very much amused.

VI.

LES AMUSEMENS DE LA VILLE.

Sophie.

Ah ! ma chère Cécile, que je suis heureuse de vous voir. Qu'avez-vous donc fait pour n'être pas venue me voir depuis si long-temps?

Cécile.

Si vous saviez comme nous avons été occupées depuis quelque temps, ma chère Sophie, vous ne m'en voudriez pas. Nous avons eu la visite de deux de nos parentes de Lyon, et maman les a menées voir bien des choses intéressantes qu'elles ne connaissaient que de nom, et qui les ont bien amusées, je vous assure.

SOPHIA.

And you have no doubt been with them. Pray now, tell me all you have seen, it will please me very much.

CECILIA.

First, mamma took us to see the Diorama. I do not know if you have seen it yet, but it quite astonished me, as I had not yet been there. I really thought myself in another world, the deception was so complete.

SOPHIA.

What were the views you saw?

CECILIA.

I first saw the interior of a church in which there was not a soul. It appeared to be seen by day light, but by degrees it grew darker, and we could distinguish nothing during a few seconds : but it soon after appeared again, lighted up by a thousand tapers, and what astonished us most was that the chairs which at first were empty now seemed, as well as the church, filled

Sophie.

Et vous avez sans doute été avec elles? Racontez-moi donc tout ce que vous avez fait, cela m'intéressera beaucoup.

Cécile.

D'abord, maman nous a menées voir le Diorama. Je ne sais pas si vous le connaissez, mais moi, qui ne l'avais pas vu encore, j'en ai été enchantée. Je me croyais vraiment transportée dans un autre monde, tant l'illusion était complète.

Sophie.

Quelles étaient les vues exposées, quand vous y êtes allée?

Cécile.

C'était l'intérieur d'une église: il n'y avait personne d'abord, elle semblait éclairée par la lumière du soleil; peu à peu le jour s'est obscurci, et pendant quelques instans nous n'avons rien pu distinguer. Mais, bientôt après, elle sembla s'illuminer d'une innombrable quantité de lumières; et ce qui nous a étonnées le plus, c'est que les chaises, qui étaient d'abord vides, se sont trouvées

with people. Some also were kneeling and others leaning against the pillars.

SOPHIA.

How beautiful it must have been!

CECILIA.

It was really magnificent! The sight seemed so natural that one could scarcely believe it was not true : at last the lights and all the people vanished, and the church once more appeared empty as it was at our first entrance.

SOPHIA.

What did you see after that?

CECILIA.

The other view was a beautiful Swiss landscape. But I was not so much struck by it as by the first picture. During the following days we went to see different monuments in Paris.

SOPHIA.

And which of them appeared to you to be the most remarkable?

occupées et l'église pleine de monde. On voyait des personnes agenouillées et d'autres adossées aux piliers.

Sophie.

Que cela devait être beau!

Cécile.

C'était vraiment magnifique! Tout cela paraissait si naturel, qu'on pouvait à peine s'empêcher de croire que c'était une réalité; enfin, les lumières et le monde ont disparu, et l'église nous a semblé vide alors comme elle l'était à notre entrée.

Sophie.

Qu'avez-vous vu ensuite?

Cécile.

L'autre vue était un beau paysage de la Suisse, mais qui ne m'a point autant frappé que le premier tableau. Les jours suivans, nous avons été voir différens monumens de Paris.

Sophie.

Et quels sont ceux qui vous ont paru les plus remarquables?

CECILIA.

I really cannot say which pleased me most, for there are so many and they are so very fine, that it is difficult to fix one's admiration exclusively upon one of them. However the Louvre appeared to me to be one of those which best deserved to be examined, and we returned to it, two or three successive times.

SOPHIA.

Oh! I have also been there many times, and I always found something new to admire. But you have no doubt been to see Notre-Dame, the Madeleine, and Saint-Eustache?

CECILIA.

Certainly we went to see them and thought them admirable. But I was forgetting to mention to you one sight, to which we paid a visit and with which we were very much amused. That was the gaz microscope.

SOPHIA.

And what did you see there?

Cécile.

Je ne sais, vraiment, lesquels m'ont fait le plus de plaisir, car il y en a tant, et de si beaux, qu'il est difficile de fixer exclusivement son admiration sur l'un d'eux. Le Louvre m'a paru cependant un des plus dignes d'être examinés, et nous y sommes retournées deux ou trois jours de suite.

Sophie.

Oh! j'y suis allée aussi bien des fois, et toujours j'y trouve quelque chose de nouveau. Mais, vous avez sans doute été voir Notre-Dame, la Madeleine et Saint-Eustache?

Cécile.

Certainement, nous y avons été, et nous les avons trouvés admirables. Mais, j'oubliais de vous parler d'une chose que nous avons été voir et qui nous a beaucoup amusées; c'est le microscope à gaz.

Sophie.

Et qu'y avez-vous donc vu?

CECILIA.

Oh! all sorts of the strangest things in the world. Really, you could never believe what a quantity of insects we saw only in a single drop of water, magnified I believe six thousand times. There were some of all shapes, but the most horrible shapes possible, they pursued each other, fought, and eat each other up, in the strangest way. We also saw some fleas which looked like real monsters; upon my word they were quite frightful.

SOPHIA.

Oh what a little coward! I wish I had been in your place. But, Cecilia, pray tell me something about the theatre. You have no doubt been to some, for I know how fond you are of them.

CECILIA.

We have been several times. We went on one evening to *Comte's*, on another to the *Gymnase des Enfans*. But, what amused me very much, was the new fairy piece at the *Cirque Olympique*, which is rendered

Cécile.

Oh ! toute espèce de choses les plus singulières du monde. Tenez, vous ne croiriez jamais la quantité d'insectes que nous avons vus seulement dans une goutte d'eau grossie, je crois, six mille fois. Il y en avait de toutes les formes, mais des formes les plus horribles. Ils se poursuivaient, se battaient et se dévoraient les uns les autres d'une étrange façon. On nous a aussi fait voir des puces, qui semblaient de véritables monstres. Vraiment, cela faisait peur à voir.

Sophie.

Oh! la petite poltronne! J'aurais bien voulu être à votre place. Mais, Cécile, dites-moi donc quelque chose des spectacles. Vous y avez sans doute été, car je sais combien vous les aimez.

Cécile.

Nous y avons été plusieurs fois. Un soir, c'était chez Comte; un autre, c'était au Gymnase des enfans. Mais, ce qui m'a beaucoup amusée, c'est une nouvelle féerie qu'on donne au Cirque-Olympique, et que les

extremely interesting by the prodigious number of scenic changes.

SOPHIA.

Only fancy, my dear Cecilia, that during all this time I have not been taken once to the theatre. Papa will not let me go, he says it finishes too late, and that it is bad for my health to keep late hours. But to make up for it, he has taken me to two morning concerts, and we have also been to Saint-Germain and to Versailles by the railroads. Have you yet travelled by them?

CECILIA.

Yes I have, and though it is very curious I confess to you that it does not much please me. What would become of us if those dreadful boilers were to burst? I prefer the quiet amusements of the town to all that.

SOPHIA

We have also been to see the Botanical Garden, where I laughed very much at the ridiculous figures of some of the monkeys

prodigieux changemens de décorations rendent extrêmement intéressante.

Sophie.

Figurez-vous, ma chère Cécile, que pendant tout ce temps, on ne m'a pas menée une seule fois au spectacle. Papa ne le veut pas. Il dit que cela dure trop long-temps et qu'il est dangereux, pour la santé, de se coucher si tard. Mais, en revanche, il m'a menée à des concerts qui se donnaient dans le jour, et nous avons été aussi à Versailles et à Saint-Germain par les chemins de fer. Y avez-vous déjà été?

Cécile.

Oui, j'y suis allée; et, quoique ce soit très-curieux, je vous avoue que cela ne me plaît pas beaucoup. Où en serions-nous si ces horribles chaudières éclataient? Je préfère les amusemens tranquilles de la ville à tout cela.

Sophie.

Nous sommes aussi allées voir le Jardin des Plantes, où j'ai beaucoup ri des singulières figures des singes, pour lesquels on

for which they have built such a fine palace. You have no idea how well those ugly creatures are lodged.

CECILIA.

They always frighten me, and I do not like to look at them long. They always appear wicked, and are continually quarrelling. That amusement is only fit for school boys, who delight in teazing and in throwing nuts at them, to see them quarrel about them afterwards.

SOPHIA.

But pray, my dear Cecilia, try and remember if you have seen nothing else. You have no doubt been to the Cemetery of Pere La Chaise with your friends.

CECILIA.

Oh yes, and we have walked all over it. We took a guide who pointed out to us all the finest monuments.

a bâti un si beau palais. Vous n'avez pas d'idée comment ces vilaines bêtes sont bien logées.

Cécile.

Ils me font toujours peur, et je n'aime pas les regarder long-temps. Ils ont toujours l'air méchant, et se querellent continuellement. Cela est bon pour les écoliers qui s'amusent à les faire enrager, et à leur jeter des noisettes pour les voir se les disputer.

Sophie.

Mais, tâchez donc de vous rappeler, ma chère Cécile, si vous n'avez rien vu de plus. Vous avez sans doute visité, avec vos parens, le cimetière du Père La Chaise?

Cécile.

Oh! oui, et nous l'avons parcouru dans tous les sens. Nous avions pris un guide qui nous a fait voir tous les plus beaux monumens.

SOPHIA.

There are some very fine ones, but what I think much more affecting are the graves which are every sunday adorned with new flowers. There are some which are even surrounded with small gardens, kept in good order.

CECILIA.

And what pretty little chapels which contain an elegant altar adorned with vases and tapers! What particularly surprized me, however, was the tombs already prepared for persons who are not yet dead. There wants but the last date to complete them.

SOPHIA.

We have fallen on a very dismal subject, my dear friend. Let us now quit it to speak of the pretty walks I took a few days since with mamma in the Tuileries and in the *Bois de Boulogne*. Did you take your cousins there?

Sophie.

Il y en a de bien beaux ; mais, ce que je trouve bien plus touchant, ce sont les tombes ornées tous les dimanches de nouvelles fleurs. Il y en a même qui sont entourées de petits jardins fort bien entretenus.

Cécile.

Et quelles jolies petites chapelles, où l'on voit un charmant autel décoré de vases et de flambeaux ! Ce qui m'a surtout surpris, ce sont ces tombes toutes préparées pour des personnes qui ne sont point encore mortes. Il n'y manque que la dernière date pour les compléter.

Sophie.

Nous voilà tombées sur un sujet bien lugubre, ma chère amie. Quittons-le maintenant pour parler des jolies promenades que j'ai faites, depuis quelques jours, avec maman, aux Tuileries et au Bois de Boulogne. Y avez-vous mené vos cousines ?

CECILIA.

Oh yes, several times, and they were delighted with them. In a word, my dear Sophia, they have been obliged to own that in spite of their predilection for the country place in the neighbourhood of Lyons, which they inhabit, they should find an inexhaustible source of amusement in the variety of pleasures one can have at Paris, and at so small an expense.

Cécile.

Oh! oui, plusieurs fois, et elles en ont été enchantées. Enfin, ma chère Sophie, elles ont été obligées de convenir que, malgré leur prédilection pour la campagne qu'elles habitent aux environs de Lyon, elles trouveraient une source intarissable d'amusemens dans la variété de plaisirs qu'on peut se procurer à Paris, et à si peu de frais.

VII.

AN EXCURSION ON THE SEINE

BY THE STEAM-BOAT.

MRS. CLERMONT.

Well! Henry, will you soon have finished all your preparations? Do you think we are about to undertake an expedition to the north pole, or to Robinson Crusoe's desert ile? We are not going so far, my dear boy, and I dare say you will not find any savages at Saint-Cloud, quite so black as his man Friday; I dare say your little countrymen at Sevres or Meudon will not be much frightened at your pouch, your sword, your gun and the rest of your warlike apparatus. Believe me, leave them all behind and let us set off.

VII.

VOYAGE EN BATEAU A VAPEUR

SUR LA SEINE.

Mme Clermont.

Eh! bien, Henri, as-tu bientôt fini tous tes préparatifs? Crois-tu donc qu'il s'agisse d'une expédition au pôle du Nord, ou à l'île déserte de Robinson Crusoé? Nous n'allons pas si loin, mon ami; tu ne trouveras guère à Saint-Cloud de sauvages aussi noirs que Vendredi; ta giberne, ton sabre, ton fusil et tout ton attirail de guerre, n'effraieront pas beaucoup tes petits compatriotes de Sèvres et de Meudon. Crois-moi, tiens, laisse tout cela ici, et partons.

HENRY.

Well, let us go mamma; but at all events I cannot think of going on board without biscuits; it is said to be an old proverb; a very, very old one, and I believe in proverbs. Therefore, mamma, here is a good store of them.

MRS. CLERMONT.

There is a small difference in respect to them, my dear Henry; but a very trifling one; and that is, your biscuits are as new and as sweet as real biscuit is hard and insipid, but I imagine you will easily console yourself about that?

HENRY.

Oh! yes, mamma.

MRS. CLERMONT.

Well! call your sister who is in the garden and let us set off immediately; it is now striking a quarter to eleven o'clock, and it is high time we should be gone.

CHARLOTTE.

Oh! good gracious! mamma, what a noise

Henri.

Eh bien! partons, maman; mais, décidément, je ne m'embarque pas sans biscuit; on dit que c'est un vieux proverbe, bien vieux, bien vieux, et j'y crois, moi, aux proverbes. Aussi, maman, en voilà une provision.

Mme Clermont.

Il n'y a qu'un petit malheur à cela, mon pauvre Henri, mais un tout petit; c'est que ton biscuit est aussi tendre et aussi doux, que le vrai biscuit est dur et fade; mais, tu t'en consoleras facilement, n'est-ce pas?

Henri.

Oh! oui, maman.

Mme Clermont.

Eh bien! appelle ta sœur, qui est dans le jardin, et partons de suite; voilà onze heures moins un quart qui sonnent, et il est grand temps.

Charlotte.

Oh mon Dieu! maman, comme cela fait

there is! Look, look, I am really quite frightened. And if we were to fall into the water as we cross that plank, to go on board? Oh! really I am afraid.

MRS. CLERMONT.

No, no, my child, do not fear... Well Henry, I see you are as rash as your sister is timid! Take care my dear boy! Though we are right not to dread danger too much, we must never trifle with it. Give me your hand, Charlotte, and do not be frightened.

HENRY.

Oh here we are at last, mamma. How fine all this is! But pray look, mamma, the river appears to me to be half as wide again as it was; what is that white smoke spouting with such force out of that small pipe? And why do we not start?

MRS. CLERMONT.

What numberless questions you ask, one upon the other, Henry. We are not yet at Saint-Cloud, and you will have time enough

du bruit! vois donc; j'ai peur, moi. Et si nous allions tomber dans la rivière en traversant cette planche pour aller sur le bateau. Oh! vraiment, j'ai peur.

Mme Clermont.

Non, non, ma fille, ne crains rien...... Eh bien! Henri, te voilà aussi téméraire que ta sœur est timide! Prends garde, mon ami, s'il est bon de n'avoir pas trop peur du danger, il ne faut jamais jouer avec lui. Donne-moi la main, Charlotte, et ne crains rien.

Henri.

Ah! pourtant, nous y voilà, maman. Comme tout cela est beau! Mais, vois donc, il me semble que la rivière est de moitié plus large; qu'est-ce donc que cette fumée blanche qui sort avec tant de force par ce petit tuyau, et pourquoi ne partons-nous donc pas?

Mme Clermont.

Voilà bien des questions l'une sur l'autre, Henri. Nous ne sommes pas encore à Saint-Cloud, et tu as tout le temps de faire tes

to make all your little observations and even to communicate them to us... But Charlotte, why do you creep so close to me? Are you still frightened?

CHARLOTTE.

Yes mamma I am. Look at that strong fire; good gracious! I am sure the boat will catch fire; really mamma it will; pray let us go.

HENRY.

You may go if you please Charlotte, but as for me I am not afraid and I shall stay. Here now, come and look at all these bright iron rods, and these brass hoops, and this man so blackened. What is he doing there mamma?

MRS. CLERMONT.

First of all, Mr. Henry, do not go so near the machine, but remain near me, if you please. I shall explain all to you in a moment, as soon as we start.

petites réflexions, et même de nous en faire part. Mais, Charlotte, qu'as-tu donc à t'approcher si près de moi? As-tu peur encore?

Charlotte.

Oui, maman. Vois donc ce feu, comme il est ardent; oh! mon Dieu! mais le feu va prendre au bateau, bien sûr, maman; allons-nous-en.

Henri.

Va-t-en si tu veux, Charlotte, mais moi, je n'ai pas peur et je reste. Viens voir plutôt tous ces beaux barreaux de fer si polis, ces cercles de cuivre, et cet homme si noir. Que fait-il donc là, maman?

Mme Clermont.

D'abord, monsieur, n'approchez pas aussi près de la machine, et restez à côté de moi, s'il vous plaît; je vous expliquerai tout cela dans un instant, quand nous serons partis.

HENRY.

Indeed mamma I think we shall never set off.

MRS. CLERMONT.

We shall go in a moment, my dear.... Come, Charlotte, do not be so foolish. Do you think I should have brought you both here, if there had been the least danger to be apprehended.

CHARLOTTE.

Oh! no, mamma, I know you would not; but do you not remember that grand-mamma used to relate to us last winter, how many misfortunes had happened on the steam-boats.

MRS. CLERMONT.

It is true, my dear child, that a long time ago many misfortunes occurred in this way. Prudent mothers did not take their children on board of steam-boats then, neither did they go themselves... Henry, stay here, sir... Many vessels were blown-up into the air with a most frightful noise; but the men who make these terrible machines have carefully sought after the cause of these

Henri.

En effet, maman, nous ne partirons donc jamais!

Mme Clermont.

Tout-à-l'heure, mon ami... Allons, Charlotte, sois plus raisonnable. Crois-tu donc que j'aurais voulu vous amener ici tous les deux, s'il y avait eu le plus petit danger à craindre?

Charlotte.

Oh! non, maman, je le sais bien; mais ne te souviens-tu pas que ma grand'maman nous racontait cet hiver tant de malheurs arrivés sur les bateaux à vapeur!

Mme Clermont.

C'est vrai, mon enfant, il y a long-temps il est arrivé ainsi un grand nombre de malheurs. Les mères prudentes ne conduisaient pas alors leurs enfans sur les bateaux à vapeur, et elles n'y allaient point elles-mêmes... Henri, monsieur, restez ici... Il y en a plusieurs qui ont sauté dans l'air avec un horrible fracas, mais les hommes qui font ces terribles machines ont cherché avec soin

accidents and by dint of labour, they have succeeded in rendering them almost impossible. The painful experience they have had, at first, of the violence of their work, soon taught them how to overcome it, and now, thanks to their perseverance and industry, steam-boats are scarcely liable to meet with more dangers than ordinary conveyances. But look, we are now starting. Come, Charlotte, be quiet and do not be afraid. Why are you continually, looking at the tubes of the machine?

CHARLOTTE.

Look, mamma, how black and thick that smoke is, and why does the other white smoke, which a few minutes since came forth continually, now come out at regular intervals, making a noise similar to the deep roaring of the lion we saw the other day at the Botanical Garden.

MRS. CLERMONT.

The thick smoke which issues like a splendid waving plume from the top of the tall chimney is nothing but the smoke of

la cause de ces accidens, et à force de travail, ils sont parvenus à les rendre à peu près impossibles. La triste expérience qu'ils ont faite, dans les premiers temps, de la violence de leur ouvrage, leur apprit bientôt à s'en rendre maîtres, et maintenant, grâces à leur persévérance et à leur industrie, les bateaux à vapeur n'offrent guères plus de danger que les voitures ordinaires. Mais, tenez, voilà qu'on part; allons, Charlotte, sois tranquille et n'aie pas peur. Qu'as-tu donc à regarder toujours les tuyaux de la machine?

Charlotte.

Vois donc, maman, comme cette fumée est noire et épaisse; et cette autre fumée blanche qui tout-à-l'heure sortait continuellement, pourquoi sort-elle ainsi maintenant, coup sur coup, en faisant un bruit semblable aux rugissemens sourds du lion, que nous avons vu l'autre jour au Jardin des Plantes?

Mme Clermont.

Cette épaisse fumée qui sort comme un admirable panache ondoyant du haut de la grande cheminée n'est autre chose que la

pit-coal which is thrown into the furnaces below. As to the other white smoke which proceeds this way, from a lower tube..... Take care, Henry, you are leaning over the river, so that you might fall into it..... As to the other smoke, it is not really smoke, but the steam of water heated in that great boiler, and the expansive force of which is used to set in motion the wheels that you see turning with such rapidity..... Henry I am sure you will fall, my dear; stay here, by my side.

HENRY.

But, mamma, I must take care and not let the chimney fall upon me. Do you not see it is falling this way. We shall be nicely smoked.

MRS. CLERMONT.

No, it will not fall upon us; be quiet; only they are obliged to let it down to pass under the arches of the bridge of Louis XVI... Look, now they are raising it again, as we have passed the bridge. They will do the same thing at the bridge of the Invalids, at the bridge of Iena, at the bridge of Grenelle and at that of Sevres.

fumée du charbon de terre que l'on jette dans cette fournaise. Quant à cette autre fumée blanche, qui sort par ici d'un tuyau moins élevé... Prends garde, Henri, te voilà penché sur la rivière, de manière à tomber dedans... Quant à cette autre fumée, ce n'est pas réellement de la fumée; c'est la vapeur de l'eau chauffée dans cette chaudière, et dont la force est employée pour faire mouvoir les roues que vous voyez tourner avec tant de rapidité... Henri, tu vas tomber, mon ami, reste là à côté de moi.

Henri.

Mais, maman, il faut bien pourtant que je ne laisse pas tomber la cheminée sur moi. Tu ne vois donc pas qu'elle tombe par ici. Nous allons être joliment enfumés.

Mme Clermont.

Non, elle ne tombera pas, vas, sois tranquille; seulement on est obligé de la baisser pour passer sous les arches du pont Louis XVI... Tiens, voilà qu'on la relève, maintenant que nous avons passé le pont. On en fera autant au pont des Invalides, au pont d'Iéna, au pont de Grenelle et à celui de Sèvres.

CHARLOTTE.

Mamma, do you see that little boat! How it seems to be hastening across the river.

MRS. CLERMONT.

It is to avoid being touched by the steam-boat which would inevitably send them to the bottom; and it is also to avoid the violent shock their little boat would receive from the agitation of the waves, caused by the motion of the wheels. Look at those two deep furrows which from both sides of the vessel direct themselves towards the shore; they are called the *swell*, and for such little boats as that which you see before you there is some danger. Therefore, as you have seen, they were rowing with might and main, to avoid the greatest violence as much as possible.

HENRY.

Dear me! mamma, how can this boiler, the fire, and the water, move the boat thus? I should like to see it all. Will you let me go and look at it?

Charlotte.

Maman, vois donc ce petit bateau, comme il semble se dépêcher de traverser la rivière.

Mme Clermont.

C'est pour éviter d'être touché par le bateau à vapeur, qui le coulerait inévitablement à fond ; et c'est pour éviter même la violente secousse qu'imprimeraient à leur petite embarcation, les flots agités par le mouvement des roues. Tu vois ces deux larges sillons qui vont se rendre de chaque côté du bateau, vers le rivage, c'est ce qu'on appelle le *remous*, et pour des bateaux aussi petits que celui que tu vois là, cela n'est point sans danger. Aussi, vous avez vu qu'il faisait force de rames, pour éviter autant que possible sa plus grande violence.

Henri.

Mon Dieu! maman, comment cette chaudière, ce feu et cette eau, peuvent-ils faire mouvoir ainsi ce bateau? Je voudrais bien voir tout cela. Veux-tu que j'aille regarder?

MRS. CLERMONT.

Even if you were to go and see all the machinery my dear, its ingenious mechanism would still escape your sagacious observation. You are not yet old and learned enough to be able to understand the chain of wonders which concur in giving motion to such heavy masses as an entire vessel. And that upon which we are at present, is really but a child's plaything, when compared to those you will see when you go to visit your uncle at Havre. Here, look this way; in the building you see on the right of the quay, there is an engine moved by a machine nearly similar to this; only its strength is employed to raise the water which is afterwards distributed among part of the fountains of Paris. This way, on the left, you see the military school and the Champ de Mars; perhaps they will excite your warlike feelings. But we are going at a very rapid rate, thanks to the very black man you saw, as you entered the boat, and whose business it is to keep up the fire under the boiler.

Mme Clermont.

Quand tu irais voir toute la machine, mon ami, son ingénieux mécanisme échapperait toujours à ta sagacité. Tu n'es pas encore assez grand et assez instruit pour pouvoir comprendre la suite de prodiges qui finissent par imprimer le mouvement à d'aussi lourdes masses qu'un bateau entier. Et celui sur lequel nous sommes en ce moment n'est réellement qu'un jouet d'enfant, comparé à ceux que tu verras quand tu iras chez ton oncle du Havre. Tiens, regarde par ici, dans ce pavillon qui est là, à droite, sur le quai, il y a une pompe mue par une machine à peu près semblable à celle-ci; seulement, on a employé sa force à élever l'eau, qui va être ensuite distribuée dans une partie des fontaines de Paris. Par ici, à gauche, voilà l'École-Militaire et le Champ-de-Mars, si cela peut réveiller tes instincts belliqueux. Mais nous allons très-vite, grâces à l'homme si noir que tu as remarqué en entrant dans le bateau, et qui est chargé d'entretenir le feu sous la chaudière.

HENRY.

Oh! dear me, it seems that we are stopping; are we already arrived? Really it would be a great pity, we are so comfortable here.

MRS. CLERMONT.

Oh! we are still at a great distance from Saint-Cloud. We are now on a level with Auteuil, at the Point du Jour. The little boat that you see coming towards us is coming to land the passengers who wish to disembark here, and brings us those who wish to go with us to Meudon, Sevres or Saint-Cloud.

HENRY.

But, mamma, why do we not always keep in the middle of the river? I think we have just been turning a little, and we are now much nearer to the bank.

MRS. CLERMONT.

The water has been very shallow for some time, and as the bed of the river is not every where equally deep, if they endeavoured to keep continually in the middle, the boat

Henri.

Oh mon Dieu ! il semble que nous nous arrêtions ; est-ce que nous sommes déjà arrivés? C'est dommage, vraiment, il fait si bon ici.

Mme Clermont.

Oh ! nous sommes loin encore de Saint-Cloud. Nous voilà au bas d'Auteuil, au Point-du-Jour. Ce petit batelet, que tu vois venir vers nous, vient chercher les personnes qui veulent descendre ici, et amener avec nous celles qui veulent venir à Meudon, Sèvres ou Saint-Cloud.

Henri.

Et pourquoi donc, maman, n'allons-nous pas toujours au beau milieu de la rivière? Il me semble que nous venons de tourner un peu, et nous voilà bien plus près de la rive.

Mme Clermont.

Les eaux sont très-basses depuis longtemps, et le lit de la rivière n'étant pas partout également profond, si l'on voulait suivre toujours le milieu, on courrait risque d'aller

would run the risk of grounding upon one of the sand-banks, resembling those you see yonder, level with the water and covered with rushes, grass, and stones.

HENRY.

Well, that would be but a very trifling misfortune, mamma.

MRS. CLERMONT.

It might, my dear boy, be a much greater misfortune than you imagine. However, we may presume that with such a light vessel as ours, the small depth of the river, the firmness and coolness of those whose duty it is to conduct us safely, no great harm would happen to us, but still some accident might result from it, and unforeseen circumstances might cause a great misfortune.

HENRY.

Oh! mamma, the Seine now divides into two branches. Shall we go this way or that? I should greatly prefer going to the right, for there the river is much wider!

heurter des bancs de sable, tels que ceux que tu vois là-bas, à fleur d'eau, avec des joncs, des herbes et quelques pierres.

Henri.

Et quand nous le ferions, maman, le grand malheur!

Mme Clermont.

Cela pourrait être, mon ami, un bien plus grand malheur que tu ne penses. Il est croyable pourtant qu'avec un bateau aussi léger que le nôtre, le peu de profondeur de la rivière, le courage et le sang-froid de ceux qui sont chargés de nous conduire, il ne nous arriverait pas grand mal, mais il en résulterait toujours quelque accident, et des circonstances imprévues pourraient en faire un grand malheur.

Henri.

Oh! maman, voilà la Seine qui se divise en deux. Irons-nous par ici, ou par là? J'aimerais beaucoup mieux aller à droite, la rivière est bien plus large.

MRS. CLERMONT.

Just as it happens, my dear, we shall go to the left, because there are always travellers to be disembarked at Meudon. Besides that, the left branch, though narrower, seems prettier. The water flows here between a much higher bank on the left, and the delightful trees of the Ile Seguin on the right.

HENRY.

What do you call this island, mamma?

MRS. CLERMONT.

The Ile Seguin. We have just passed the Ile Panckoucke which possesses nothing remarkable but the name of the rich bookseller which it has long borne. But the Ile Seguin is as pretty as the other is naked and barren, particularly since its fine poplars are regularly clipped. On the left you may see the magnificent amphitheatre of Meudon, and you may from here also perceive the terrace of the royal residence..... But stop... Yes, Charlotte, do you not perceive

Mme Clermont.

Justement, mon ami, nous irons à gauche, parce qu'il y a toujours des voyageurs à déposer au bas de Meudon. Le bras gauche, d'ailleurs, quoique moins large, est peut-être plus joli. L'eau coule, par ici, plus profondément encaissée entre des bords escarpés, à gauche, et les charmans arbres de l'île Séguin, à droite.

Henri.

Comment appelles-tu cette île, maman ?

Mme Clermont.

L'île Séguin. Nous venons de laisser là-bas l'île Panckoucke, qui n'a rien de remarquable que le nom du riche libraire qu'elle porte depuis long-temps. Mais, l'île Séguin est aussi gracieuse que l'autre est nue et aride, depuis surtout que l'on coupe régulièrement les beaux peupliers qui l'embellissaient. A gauche, on voit se développer le magnifique amphithéâtre de Meudon, et vous pouvez apercevoir d'ici la terrasse du château royal. Mais, attendez ; oui, Charlotte, vois-

that thick smoke advancing yonder with such rapidity?

CHARLOTTE.

Yes, mamma.

HENRY.

Where is it then, mamma? I cannot perceive it.

MRS. CLERMONT.

This way, on the left, above those trees.

HENRY.

Oh! yes, mamma, I can see it very well now.

MRS. CLERMONT.

Well, it is from the steam carriage which draws the trains on the rail-way of the left bank. They are advancing with great rapidity and will arrive at Versailles as soon as we shall arrive at Saint-Cloud.

tu là-bas cette épaisse fumée qui s'avance avec tant de rapidité?

Charlotte.

Oui, maman.

Henri.

Où est-ce donc, maman? Je ne la vois pas, moi.

Mme Clermont.

Par ici, à gauche, au-dessus de ces arbres.

Henri.

Ah! oui, maman, je vois très-bien, maintenant.

Mme Clermont.

Eh bien! c'est la voiture à vapeur qui traîne les convois sur le chemin de fer de la rive gauche. Ils s'avancent avec une très-grande rapidité, et ils arriveront à Versailles aussitôt que nous à Saint-Cloud.

CHARLOTTE.

Do they not seem to be ascending, mamma?

MRS. CLERMONT.

No, no, my dear, at least if they are ascending it is upon an almost imperceptible slope; but it is more probably an optical illusion, still increased by the height of the ridge near which they are about to pass. That is however the finest part of the road, and the works which have been executed are said to be remarkably bold.

HENRY.

Oh! mamma, we shall go on that road, shall we not?

MRS. CLERMONT.

If you are very good, we shall perhaps go before the fine season is over. Here, the boat is stopping to disembark the voyagers to Meudon, but we shall soon set off again. Henry, did you notice with what ease the

Charlotte.

On dirait qu'ils montent, maman, n'est-ce pas?

Mme Clermont.

Non, non, ma fille; ou, s'ils montent cela est presque insensible; mais, c'est là une illusion de perspective, favorisée encore par la hauteur du coteau, auprès duquel ils vont passer. C'est là, d'ailleurs, la plus belle partie du chemin, et les travaux qu'on y a exécutés sont, dit-on, de la plus grande hardiesse.

Henri.

Oh! maman, nous irons, n'est-ce pas, sur cette route?

Mme Clermont.

Si vous êtes bien sages, nous verrons, avant que la belle saison soit finie. Tenez, voilà qu'on s'arrête pour déposer les voyageurs à Meudon, mais nous allons repartir. As-tu vu, Henri, avec quelle facilité le ba-

vessel has followed the rapidly winding course of the river at this part?

HENRY.

No, mamma, I did not; I was looking at that steam-carriage. Ah! how quick it seems to be going; by and by, it will be quite out of sight. Look, mamma, now it is quite gone, and we are starting again for Saint-Cloud. Is that village down there on the left, Saint-Cloud, mamma?

MRS. CLERMONT.

No, my dear, it is Sevres. Here, on the right is Mr. Seguin's house at one end of the Island along side of which we have been passing for some time. That house has been named Seguin's-Folly; and it is not the first instance of names given by people to entreprises in which there was more pretension to originality than real utility. You know we also say the Folie-Beaujon. The Seine here spreads out to a great width and this is in fact one of its finest parts, among the numerous spots which it waters, in the

teau a suivi le cours assez rapidement sinueux de la rivière en cet endroit?

Henri.

Non, maman, je n'ai pas vu; je regardais cette voiture du chemin de fer. Ah! comme elle semble aller vite; tout à l'heure, nous ne la verrons plus. Tiens, maman, c'est fini, et puis nous voilà repartis pour Saint-Cloud. Est-ce que c'est déjà Saint-Cloud, ce village là, à gauche?

Mme Clermont.

Non, mon ami, c'est Sèvres. Voilà ici, à droite, la maison de M. Séguin, au bout de l'île que nous longeons depuis quelque temps. On a donné à cette maison le nom de la Folie-Séguin, et ce n'est pas la première fois que le peuple a ainsi qualifié des entreprises où il entrait plus de prétention à l'originalité que d'utilité véritable. Vous savez qu'on dit aussi la Folie-Beaujon. La Seine se développe ici sur une grande largeur, et c'est, en effet, un des plus beaux endroits parmi ceux qu'elle ar-

neighbourhood of Paris. If we have time this year, we shall go towards Marly where its banks are much more picturesque. We now pass the bridge of Sevres, where the last battle which took place in the neighbourhood of Paris, at the time of the invasion, was fought.

CHARLOTTE.

Is the village we see down there on the right Saint-Cloud, mamma?

MRS. CLERMONT.

No, my dear, it is Boulogne, and behind the village you see a vast extent of wood in the middle of which we went last week and had such a delightful ride on donkeys.

CHARLOTTE.

The Bois de Boulogne, mamma?

MRS. CLERMONT.

Yes, my child. There was formerly in this wood a magnificent royal residence, called Madrid, and a celebrated abbey

rose aux alentours de Paris. Si nous avons le temps, cette année, nous irons du côté de Marly, où ses bords sont beaucoup plus pittoresques encore. Nous passons maintenant le pont de Sèvres, où fut livré, lors de l'invasion, le dernier combat qui eut lieu autour de Paris.

Charlotte.

Est-ce Saint-Cloud, maman, ce village que nous voyons là, à droite?

Mme Clermont.

Non, ma fille, c'est Boulogne, et, derrière le village, tu vois s'étendre un vaste massif d'arbres, au milieu duquel nous avons été la semaine dernière faire une si jolie partie à ânes.

Charlotte.

Le Bois de Boulogne, maman?

Mme Clermont.

Oui, ma fille. Il y avait autrefois, dans ce bois, un château royal magnifique, Madrid, et une abbaye célèbre, Longchamps.

named Longchamps. There are still the remains of the Muette and Bagatelle and a number of tales concerning them.

HENRY.

Oh! pray relate them to us, mamma?

MRS. CLERMONT.

No, my dear children, for do you see on the left among the trees, that pretty little palace, and those fine walks and statues? Well, we are now arrived at Saint-Cloud.

Il y a encore les restes de la Muette et Bagatelle, et une foule d'histoires.

Henri.

Oh ! conte-nous-les, maman?

Mme Clermont.

Non, mes enfans, car vous voyez, à gauche, au milieu des arbres, ce petit palais si coquet, ces belles allées et ces statues. Eh bien ! nous voilà à Saint-Cloud.

VIII.

AN EVENING PARTY.

ELIZA.

Ah! good morning, my dear Emma, how do you do to-day? You cannot think how sorry I was to hear you could not come to our little party yesterday.

EMMA.

You could not be more so than I was, my dear Eliza, and nothing less than what happened to me, could have prevented me from coming. Only fancy that just as I was setting off some one came to fetch us to go and see grand-papa, who has just arrived from his estate, and wished to see us immediately. You may easily believe that every thing else was obliged to give way to his

VIII.

UNE SOIRÉE.

Élise.

Ah ! bonjour, ma chère Emma, comment vas-tu, ce matin ? Tu ne peux croire combien j'ai été fâchée en apprenant hier que tu ne pourrais venir à notre petite réunion.

Emma.

Tu n'as pu l'être plus que moi, ma bonne amie, et il fallait, au moins, ce qui m'est arrivé pour m'empêcher de venir. Figure-toi qu'au moment où j'allais partir, on est venu nous chercher de la part de grand-papa, qui venait d'arriver de sa terre, et qui voulait tout de suite nous embrasser. Tu penses bien que tout a dû céder à ce désir. D'ailleurs, je te vois souvent, et lui, je ne l'avais pas vu

wish Besides that, I often see you, and I had not seen him for the last six months. But pray tell me at least how your party went off.

ELIZA.

Oh! we were extremely amused; we had several of our friends from school and our cousins Julia and Anna. And besides that my brother had invited four of his school fellows. We were twelve in all and we spent a delightful evening.

EMMA.

And what games did you play at, all the evening? For you were not sufficiently numerous to dance, and besides that, as your cousins are not forward enough on the piano to play quadrilles, I cannot imagine how you could have managed it.

ELIZA.

It is true our cousins are not forward enough to play quadrilles, but one of the young ladies we had invited was kind enough to do us that service. There was also one of my brother's school-fellows, who

depuis six mois. Mais raconte-moi, du moins, comment s'est passée ta soirée.

Élise.

Oh! nous nous sommes beaucoup amusées; nous avons eu plusieurs de nos amies de pension, nos cousines Julie et Anna, et mon frère avait invité quatre de ses camarades. Nous étions douze en tout, et nous avons passé une soirée charmante.

Emma.

Et à quels jeux avez-vous joué toute la soirée, car vous n'étiez pas assez nombreux pour danser, et d'ailleurs, comme tes cousines ne savent pas encore assez le piano pour jouer des contredanses, je ne vois pas comment vous auriez pu faire?

Élise.

Il est vrai que mes cousines ne sont pas encore assez fortes pour cela, mais une des demoiselles que nous avions invitées nous a rendu ce petit service. Il y avait aussi un des camarades de mon frère qui touche déjà

already plays very prettily on the piano though he is but eleven years old, and who also played us several quadrilles. You have no idea how agreeable and obliging he is. Papa and mamma were delighted with him.

EMMA.

What! a little boy who already plays upon the piano at eleven years of age! But that is very surprising, is it not? For those young gentlemen have in general but little application. Besides, I think it is very singular that little boys should be taught the piano. The flute or the violin would be much better.

ELIZA.

I do not think so, and I think it very pretty that boys should learn to play on the piano. I think like mamma, who always says that my brother would do much better if he were to learn something which might hereafter render him agreeable to his sisters and to their friends instead of blackening his fingers with gunpowder and charcoal, and often even burning them in making squibs

fort joliment du piano, quoiqu'il n'ait que onze ans, et qui nous a aussi joué plusieurs contredanses. Tu n'as pas d'idée combien il est aimable et complaisant; mes parens en ont été charmés.

Emma.

Comment! un petit garçon qui joue déjà du piano à onze ans! Mais, cela est étonnant, n'est-ce pas? car, ces messieurs n'ont ordinairement pas beaucoup d'application. D'ailleurs, je trouve singulier qu'on fasse apprendre le piano à des petits garçons. La flûte ou le violon serait bien mieux.

Élise.

Je ne pense pas cela, moi, et je trouve fort bien que les garçons apprennent le piano. Je pense comme maman, qui dit toujours que mon frère ferait bien mieux d'apprendre quelque chose qui, plus tard, serait agréable à ses sœurs et à leurs amies, que d'aller se noircir les doigts avec de la poudre à canon et du charbon, et souvent même de se les brûler en faisant des fusées, qui ne sont la plupart

which are for the most part good for nothing. As to the violin, it is such a disagreeable and squeaking instrument unless it be played extremely well, that the piano, the notes of which are already made, and which requires less study, is much preferable for those who only wish to learn it as an amusement.

EMMA.

But, my dear Eliza, do not take so much trouble to persuade me. I assure you I think your opinion very just, and that I entirely agree with you, particularly when quadrilles are in question. I shall never oppose my brothers' learning to play them. But did you dance during the whole evening?

ELIZA.

Oh! no, it was much too warm, for although we are in the month of september you know how hot the weather was yesterday. Our friends came very early, for it was only six o'clock when they arrived. And, as mamma does not like us to go to bed late, we had purposely dined an hour earlier than usual. We danced until half past

du temps bonnes à rien. Quant au violon, il est si désagréable et si criard, à moins qu'on n'en joue parfaitement, que le piano, dont les sons arrivent tout faits, et qui exige moins d'étude, est bien préférable pour ceux qui n'en veulent faire qu'un amusement.

Emma.

Mais, ma chère Elise, ne te donne pas tant de peine pour me persuader. Je t'assure que je trouve ton opinion fort juste et que je la partage entièrement, surtout quand il s'agit de contredanses. Ce ne sera jamais moi qui m'opposerai à ce que mes frères apprennent à les jouer. Mais, avez-vous dansé toute la soirée?

Élise.

Oh! non, il faisait trop chaud; car, quoique nous soyons au mois de septembre, tu sais quelle chaleur il a fait hier. Nos amis étaient venus de très-bonne heure, et il n'était que six heures lorsqu'ils sont arrivés. Car, comme maman n'aime pas que nous nous couchions tard, nous avions dîné exprès une heure plus tôt que d'habitude.

eight, after which we partook of a light supper of fruits, preserves and cakes.

EMMA.

What! you did not take tea! And who ever heard of supper at eight o'clock? Why my dear, nothing can be more vulgar.

ELIZA.

Oh! what a fine lady you are. Indeed, Emma, you make me laugh at you with your womanish notions. Mamma did not give us tea, because she thinks it better that children should be without it; but wait, you make me think of the answer given the other day by an English gentleman to a little girl, who is rather too much of a woman, like you, in her ideas, and who had invited his daughter to come and spend the evening with her.

EMMA.

And pray what was that answer, my dear Eliza?

Nous avons dansé jusqu'à huit heures et demie, après quoi on nous a servi un petit souper composé de fruits, de confitures et de gâteaux.

Emma.

Eh quoi ! vous n'avez pas pris le thé ! Ah ! fi donc ! souper à huit heures, mais, ma chère, rien n'est plus commun.

Élise.

Oh! la grande dame! Vraiment, Emma, tu me fais rire avec tes airs de grande personne. On ne nous a pas donné du thé parce qu'on pense qu'il vaut mieux que des enfans s'en passent. Tiens, tu me fais penser à la réponse que fit l'autre jour un Anglais à une petite demoiselle, un peu grande personne dans ses idées, comme toi, et qui avait invité sa fille à venir passer la soirée avec elle.

Emma.

Et quelle a donc été cette réponse, ma chère Elise ?

ELIZA.

The little lady who thought herself of great importance, had written to the English gentleman's daughter, and her note was as follows: " Miss B... begs miss A... will do her the favor of spending the evening with her. Her friends will assemble at eight o'clock. Quadrilles will commence at nine, and supper at eleven. "

EMMA.

And what answer did the young lady's father return?

ELIZA.

The gentleman who had been displeased with his daughter for some reason unknown to me, answered. " Miss A... begs miss B... will have the goodness to excuse her, but as she has been very idle to-day she requests to inform her, that she is to learn her lessons at seven o'clock and if she does not know them at eight, she will be sent to bed with a piece of dry bread at nine.

EMMA.

Yes, yes, but you know he was an

Élise.

Cette petite personne, qui faisait l'importante, avait écrit à la fille de cet Anglais un billet conçu en ces termes : « Mademoiselle B... prie mademoiselle A... de vouloir bien venir passer la soirée avec elle. On se réunira à huit heures, on commencera les contredanses à neuf, et on soupera à onze. »

Emma.

Et que répondit le père de celle qu'on invitait ?

Élise.

Ce monsieur, qui avait eu à se plaindre de sa fille, je ne sais pourquoi, lui fit répondre : « Mademoiselle A... prie mademoiselle B... de vouloir bien l'excuser; mais, comme elle n'a rien fait aujourd'hui, elle lui fait savoir qu'elle doit apprendre ses leçons à sept heures; si elle ne les sait pas à huit, elle ira se coucher avec un morceau de pain sec à neuf. »

Emma.

Oui, mais c'était un Anglais, et tu sais

Englishman and all those people are rough and uncivilised.

ELIZA.

You have perhaps heard so at your house, but we think otherwise. Papa especially, thinks they are right in obliging their children to remain *children* as long as possible, as to their manner of living, which does not prevent them from being quite as well educated as we are.

EMMA.

Really, miss, you must allow me to congratulate you. You would really make an excellent preacher. But, dear Eliza, let us not begin a discussion about the English, and tell me what you did after supper, for I do not suppose you went to bed immediately after.

ELIZA.

No certainly; our party only broke up at half past ten; half an hour later than had been agreed upon. During that time we played at all sorts of pretty games.

que tous ces gens-là sont durs et incivilisés.

Élise.

Tu as peut-être entendu dire cela chez toi, mais chez nous on pense autrement. Papa, surtout, pense qu'ils ont raison d'obliger leurs enfans à rester *enfans* le plus longtemps possible dans leur manière de vivre, ce qui n'empêche pas qu'ils les instruisent aussi bien que nous.

Emma.

Vraiment, mademoiselle, je vous fais mon compliment, vous feriez un excellent prédicateur. Mais, ma chère Elise, ne discutons pas sur les Anglais, et dis-moi ce que vous avez fait après souper, car je ne pense pas que vous ayez été vous coucher immédiatement après.

Élise.

Non, certainement; nous ne nous sommes séparés qu'à dix heures et demie, une demi-heure plus tard qu'il n'avait été convenu. Pendant ce temps, nous avons joué à toute sorte de jolis jeux.

EMMA.

Ah! you amused yourselves much better than I did. Though I was delighted at seeing grand-papa again, yet, as there were none but grown-up persons present, I was obliged to walk alone very seriously and sometimes very dull, while they were talking of politics, of sciences, and I know not what else.

ELIZA.

But, my dear Emma, you forget yourself strangely just now. You, who are already so serious in your tastes and who often think yourself so much steadier than we little girls, who are, like yourself, but ten years old, ought to have thought yourself very happy at having none but serious people about you.

EMMA.

Indeed, Eliza, you become almost malicious. You were formerly only fond of raillery. But stay a moment; I promise you that at the very first opportunity I have, either at our house or at yours, I shall prove

Emma.

Ah! vous vous êtes bien plus amusés que moi, quoique j'aie eu bien du plaisir à revoir grand-papa. Cependant, comme il n'y avait que de grandes personnes, il m'a fallu me promener bien sérieusement, et souvent bien tristement, pendant qu'ils causaient politique, sciences, et que sais-je, moi ?

Élise.

Mais, ma chère Emma, tu t'oublies étrangement dans ce moment. Toi, qui es déjà si grave dans tes goûts, et qui te crois souvent plus raisonnable que nous autres petites filles, qui n'avons, comme toi, qu'une dixaine d'années, tu devais te trouver bien heureuse de n'être entourée que de gens raisonnables.

Emma.

Elise, vraiment, tu deviens presque méchante. Tu n'étais que railleuse autrefois. Mais, sois tranquille, je te promets qu'à la première occasion que j'aurai, chez nous ou chez toi, je te prouverai que je suis encore

to you that I am still sufficiently childish to know how to be very happy when I am among my friends.

ELIZA.

Well, since you seem to be so well inclined, I must console you for not having come yesterday, and tell you that we shall now have a similar meeting once a fortnight, when our friends are pleased with me and my brother.

EMMA.

Good bye, dear Eliza; if the weather be fine, I hope I shall see you to morrow at the Tuileries.

assez petite fille pour savoir être heureuse quand je me trouve avec mes amies.

Élise.

Eh bien ! puisque te voilà si bien disposée, je veux te consoler de n'être pas venue hier, et je te dirai que nous aurons à présent une semblable réunion tous les quinze jours, toutes les fois que nos parens auront été contens de mon frère et de moi.

Emma.

Adieu, ma chère Elise; s'il fait beau, j'espère te revoir demain aux Tuileries.

IX.

THE BOIS DE BOULOGNE.

CHARLES.

Where did you go to, yesterday, my dear Frederick? You had promised to call for me to go and bathe together, and I waited for you to no purpose. Had you then obliged your tutor to be angry with you, by not knowing your lessons? Or did you go and take a walk with him instead of coming to call on me?

FREDERICK.

My tutor was not obliged to punish me, but on the contrary he has been so pleased with my work for the last few days, that he took me on an excursion he had promised me a long time since to the Bois de Boulogne,

IX.

LE BOIS DE BOULOGNE.

Charles.

Où as-tu donc été hier, mon cher Frédéric ? Tu m'avais promis que tu viendrais me chercher pour aller ensemble au bain, et je t'ai attendu inutilement. Avais-tu donc obligé ton précepteur à se fâcher contre toi en ne sachant pas tes leçons, ou as-tu été te promener avec lui au lieu de venir me prendre?

Frédéric.

Je n'ai pas obligé mon précepteur à me punir, mais, au contraire, il a été si content de mon ouvrage depuis quelque temps, qu'il m'a mené faire une promenade qu'il m'avait promise depuis long-temps au Bois

for as you are aware, we have not often time to go as far as that.

CHARLES.

I have also been promised the same thing, but I do not know how it happens, the promise is never realised, for I am terribly unlucky. Every time I think I have deserved it by my good conduct, some piece of stupidity, or other, always makes me lose my reward.

FREDERICK.

And whose fault is it pray? I know you well enough; you cannot resist the idea of having a momentary laugh, and frequently when you have something else to do, though you know it will cost you the loss of your playhours. But let us say no more about that, as you will never believe me, and let us resume the subject we had begun with, that of my donkey-ride in the Bois de Boulogne.

CHARLES.

What! you also had a ride upon a donkey?

de Boulogne, car nous n'avons pas, comme tu le sais, le temps d'aller souvent aussi loin que cela.

Charles.

On m'a promis aussi de m'y mener, mais je ne sais comment cela se fait, cette promesse ne se réalise jamais ; j'ai un malheur inoui. Chaque fois que je crois l'avoir mérité par ma bonne conduite, quelque grosse bêtise vient toujours m'en faire perdre la récompense.

Frédéric.

Et à qui la faute, je te prie? Je te connais bien; tu ne peux résister un moment à l'envie de rire, quoique tu aies souvent bien autre chose à faire, et que tu saches que cela te coûtera ta récréation. Mais ne parlons plus de cela, puisque tu ne veux jamais me croire, et reprenons le sujet que nous avons entamé, celui de ma promenade à âne au Bois de Boulogne.

Charles.

Comment! tu as fait aussi une promenade

Indeed you are too lucky; come, pray tell me all about it.

FREDERICK.

This is how it happened. You know my tutor is almost always plagued with rhumatisms and is not very active even when he has none. Well, he intended to take an omnibus to get to the wood. But unfortunately they were all filled with travellers and we were obliged to go on foot, as far as the Triumphal Arch.

CHARLES.

Oh! oh! I fancy I see him; he could not be very pleased; do you remember, Frederick, how droll he looks when he goes down stairs? For as he cannot bend his foot for some reason which I do not know, he always goes down on his heels, making a most terrible noise. One might hear him almost in the street.

FREDERICK.

Come now, do not laugh at him. Though he is a little singular it is no reason for

à âne? Vraiment tu es trop heureux. Allons, raconte-moi donc cela.

Frédéric.

Voilà comme cela s'est fait. Mon précepteur, qui, comme tu le sais, a presque toujours des rhumatismes, et n'est pas d'ailleurs fort ingambe, quand même il n'en a pas, comptait prendre un omnibus pour arriver au bois, mais, malheureusement, ils étaient tous pleins de voyageurs, et nous avons été obligés d'aller à pied jusqu'à l'Arc-de-Triomphe.

Charles.

Oh! oh! il me semble que je le vois; il ne devait pas être très-content. Te rappelles-tu, Frédéric, comme il est drôle quand il descend les escaliers? Comme il ne peut plier le pied, je ne sais pourquoi, il descend toujours sur ses talons, en faisant un bruit épouvantable. On pourrait presque l'entendre dans la rue.

Frédéric.

Allons donc, ne te moques pas de lui; quoiqu'il soit un peu original, ce n'est pas

laughing at his expense, for as papa tells me, we ought to respect those who are given us to teach and direct us, whatever their little singularities may be. He does not like me any the less for that I am sure, and at bottom he is as good as it is possible to be.

CHARLES.

Come, my dear fellow, tell me your story. You are always preaching sermons; I would not be as serious as you are for all the world; I should die with sadness.

FREDERICK.

I am not sad however, I assure you, for if I were inclined to feel so, the thoughts of yesterday's amusement and of its possible return would enliven me. I had an excellent donkey and was much amused by the singular looking riders I met during my ride round the wood.

CHARLES.

Whenever I have taken a donkey at the Bois de Boulogne it has always given me

une raison pour rire à ses dépens. Car, ainsi que papa me le dit toujours, nous devons le respect à ceux qui nous sont donnés pour nous instruire et nous diriger, quelles que soient leurs petites originalités. Il ne m'en aime pas moins, j'en suis sûr, et, au fond, il est aussi bon qu'il est possible de l'être.

Charles.

Allons, raconte-moi toujours ton histoire. Tu es toujours à me faire des sermons; je ne voudrais pas être aussi sérieux que toi pour tout au monde; je mourrais d'ennui.

Frédéric.

Je ne suis pas déjà si triste, cependant, je puis te l'assurer, et quand même je serais porté à l'être, l'idée du plaisir que j'ai eu hier, et l'espoir de le goûter encore suffiraient pour me rendre ma gaîté. J'avais un âne excellent, et je me suis bien amusé de toutes les drôles de tournures que j'ai rencontrées pendant ma promenade autour du bois.

Charles.

Chaque fois que j'ai pris un âne au Bois de Boulogne, j'ai toujours eu plus de peine

more trouble and fatigue to make it move than if I had walked all the time. They are in general bad enough, but they are ten times worse there, as their naturally sulky nature is rendered doubly obstinate by the continual ill treatment they experience.

FREDERICK.

Yesterday I saw an unfortunate young lady who was riding upon one of these wretched animals you speak of. All at once, the stubborn beast started off with her at full gallop and carried her into a thicket, where she was terribly scratched and torn by the bushes. You never saw such a figure as she looked in your life. Her dress was slit from top to bottom.

CHARLES.

How you must have laughed! I really think I should have cracked my sides.

FREDERICK.

I assure you it was no laughing matter, and if you had seen her, you would have felt much more inclined to pity than to

et de fatigue pour le faire aller, que si j'eusse été à pied tout le temps. Ce sont, en général, d'assez mauvaises montures, et là ils sont dix fois pire que partout ailleurs. Naturellement entêtés, les mauvais traitemens continuels qu'ils reçoivent doublent encore leur obstination.

Frédéric.

J'ai vu hier une pauvre petite demoiselle qui montait une de ces malheureuses bêtes dont tu parles. Tout-à-coup, l'animal indocile partit avec elle au grand galop et l'emporta dans un taillis, où elle fut horriblement égratignée et déchirée par les buissons. Tu ne peux croire quelle triste figure elle faisait. Sa robe était fendue du haut en bas.

Charles.

Comme tu as dû rire! Je crois, vraiment, que je m'en serais tenu les côtes.

Frédéric.

Je t'assure que ce n'était pas du tout risible, et si tu l'avais vue, tu aurais été bien plutôt disposé à la plaindre qu'à te moquer

laugh. We placed her on my donkey and brought her back to the entrance of the wood, for hers had galloped off and was nowhere to be found.

CHARLES.

I dare say he was at the stand when you arrived there, for the cunning fellows seldom fail to go home. One would almost think they and their masters were leagued together, to cheat you out of half your time, for if you take one for an hour, he generally manages to get home again before it is half out.

FREDERICK.

Well, when we arrived at the stand, we found the young lady's mamma waiting for her, and she was so delighted at our kindness in bringing her back to her in safety, though rather in tatters, that she gave us an invitation to her house, which was close by, and insisted upon my tutor's going in with me to take some refreshment.

d'elle. Nous l'avons fait monter sur mon âne et nous l'avons ramenée à l'entrée du bois, car son âne s'était enfui au galop, et on ne pouvait le retrouver.

Charles.

Je pense qu'il était revenu déjà à l'endroit où on les prend quand vous y êtes arrivés, car ces messieurs-là ne manquent guère de s'en aller chez eux. On croirait, en vérité, qu'ils sont d'accord avec leurs maîtres pour vous voler la moitié de votre temps, car si vous en prenez un pour une heure, il s'arrange de façon à arriver chez lui avant qu'elle soit à moitié terminée.

Frédéric.

Eh bien! en arrivant à l'écurie, nous trouvâmes la mère de la demoiselle, qui l'attendait, et elle fut si charmée de la complaisance que nous avions eue de la lui ramener saine et sauve, quoiqu'un peu déchirée, qu'elle nous invita à aller la voir, tout près de là, et qu'elle insista pour que mon précepteur entrât avec moi prendre quelques rafraîchissemens.

CHARLES.

Indeed, you were very fortunate and no doubt very well repaid for your gallant conduct towards the young damsel in distress. Really Frederick you might compare yourself to a doughty knight, wandering about in forests seeking for adventures, and succouring helpless young maidens like a second Don Quixote.

FREDERICK.

You may laugh about it as much as you please, Mr. Charles, still our adventure has procured me a very nice acquaintance, for the lady I spoke of has heard of mamma, who visits one of her friends, and means to come and see her. She has also told me that next summer she will invite me to go and spend a few days at her country house.

CHARLES.

After all, you did not tell me why your tutor had hired you a donkey. I suppose it was because he was so tired on arriving

Charles.

Vraiment, tu as été bien heureux et sans doute bien récompensé de ta galanterie envers la pauvre demoiselle. Tu pourrais, en vérité, Frédéric, te comparer à un galant chevalier, errant dans les forêts, cherchant les aventures, et secourant de malheureuses jeunes filles, comme un second Don Quichotte.

Frédéric.

Vous pouvez vous moquer de moi tant que vous voudrez, monsieur Charles, cela n'empêche pas que notre aventure m'ait procuré une très-jolie connaissance, car la dame dont je vous ai parlé a entendu parler de maman, qui va voir une de ses amies, et qui compte venir la voir. Elle m'a dit aussi que l'été prochain elle m'inviterait à aller passer quelques jours à sa maison de campagne.

Charles.

Après tout, tu ne m'as pas dit pourquoi ton précepteur t'avait loué un âne. C'était sans doute parce qu'il était si fatigué en ar-

at the wood that he was obliged to take one himself.

FREDERICK.

No, he did not, but he took a pony, and really it went very well. However, I was forgetting to tell you that after we left that lady's house, I went and rambled about a little longer among the shrubs, while my tutor sat down on the grass and read, for he always carries a book about with him, and what do you imagine I found?

CHARLES.

I suppose you found a nest, for I know you always look about for them whenever you have an opportunity.

FREDERICK.

You have guessed right. I found a goldfinch's nest and it contained three young ones. Oh! you have no idea how pretty they looked in their little warm nest.

CHARLES.

I hope you will give me one of them to

rivant au bois, qu'il fut obligé d'en prendre un pour lui-même.

Frédéric.

Non, il n'en prit pas, mais il prit un petit cheval qui allait vraiment très-bien. Ah! j'oubliais de te dire qu'après avoir quitté cette dame, je m'enfonçai un peu dans les arbres, tandis que mon précepteur s'assit sur l'herbe pour lire, car il porte toujours un livre avec lui; et, que crois-tu que j'aie trouvé?

Charles.

Sans doute un nid, car je sais que tu les cherches toujours chaque fois que tu en as l'occasion.

Frédéric.

Tu as deviné juste. J'ai trouvé un nid de chardonnerets, qui contenait trois petits. Oh! tu n'as pas d'idée combien ils étaient jolis dans leur petit nid si chaud.

Charles.

J'espère que tu m'en donneras un pour

bring up. I promise you I will take great care of it.

FREDERICK.

Do not give yourself so much trouble, for I did not take the nest. My tutor would not let me; he said the young ones would most probably die, as I should not know what food to give them, nor could I easily procure it even if I did. I therefore took his advice, and left the little creatures in peace, as I had found them.

CHARLES.

I am sure I should have taken the nest, for I know how they are brought up very well indeed. Really it was a great pity you left it.

FREDERICK.

But now I do not think so, though I regretted it rather at the time Probably by this time one of them would have been dead and perhaps all of them by to-morrow. What benefit should I then have had from taking them away from their parents?

l'élever. Je te promets d'en prendre le plus grand soin.

Frédéric.

Sois bien tranquille à cet égard, car je ne l'ai pas pris. Mon précepteur ne l'a pas voulu. Il me dit que probablement ils mourraient, car je ne saurais quelle nourriture leur donner, et je ne pourrais guère me la procurer quand même je le saurais. Aussi, j'ai suivi son avis, et j'ai laissé ces petites créatures en paix, comme je les avais trouvées.

Charles.

Eh bien ! moi, j'aurais pris le nid, car je sais très-bien comment on les élève. C'est grand dommage que tu l'aies laissé.

Frédéric.

Je ne pense pas comme toi, maintenant, quoique cela m'ait un peu coûté au moment. Probablement qu'aujourd'hui un d'eux serait déjà mort, et peut-être tous demain. Quel bien cela m'aurait-il fait de les avoir pris à leurs parens ? Les pauvres petites

the poor little things are now happy and free.

CHARLES.

Well! perhaps you are right, for when I have had them and seen them die one after the other, I know I have felt very sorry. But tell me, Frederick did, you not go any where else?

FREDERICK.

I was so tired by this time, and it was also so late, that we had some difficulty in getting home in time for dinner. But, dear Charles, do try and deserve to go out next thursday, and I shall endeavour to persuade my tutor to go again and take you with us.

CHARLES.

Yes, Frederick, I will endeavour to follow your good example. It is true that I am frequently punished for my giddiness, but really it is not intentional on my part, and I will try to be more steady in future.

créatures sont maintenant heureuses et libres.

Charles.

Eh bien ! peut-être que tu as raison, car quand j'en ai eu, et que je les ai vus mourir les uns après les autres, je sais que cela m'a fait beaucoup de peine. Mais, dis-moi, Frédéric, n'as-tu pas été autre part?

Frédéric.

J'étais alors si fatigué, et il était déjà si tard, que nous avons eu de la peine à revenir chez nous à temps pour dîner. Mais, mon cher Charles, tâche de sortir jeudi prochain, et j'essaierai de persuader à mon précepteur d'y retourner et de t'emmener avec nous.

Charles.

Oui, Frédéric, je tâcherai de suivre ton bon exemple. Il est vrai que je suis souvent puni pour mon étourderie, mais, vraiment, ce n'est pas ma faute, et je ferai mon possible pour être plus raisonnable à l'avenir.

X.

AT THE JARDIN DES PLANTES.

ALFRED.

Oh! mamma, I am sure this Jardin des Plantes is at the extremity of the earth.

MRS. STUART.

No, my dear, but it is at the extremity of Paris; and, when one lives in the Quartier Saint-Georges, an omnibus cannot be called a useless luxury to go to the Jardin des Plantes..... Conductor, set us down at the Place Walhubert... we shall be there in a moment, and we shall only have to get down, and five minutes will bring us into the midst of the garden.

X.

AU JARDIN DES PLANTES.

Alfred.

Mais, maman, c'est donc au bout du monde, le Jardin-des-Plantes?

Mme Stuart.

Non mon ami, mais c'est au bout de Paris; et, quand on demeure dans le quartier Saint-Georges, un omnibus n'est point un objet de luxe pour aller au Jardin-des-Plantes... Conducteur, arrêtez-nous place Walhubert... Nous serons arrivés tout-à-l'heure, et nous n'aurons qu'à descendre pour nous trouver tout au beau milieu du jardin.

LOUISA.

Oh! mamma, last time you brought us here, I remember we very much regretted not having any bread, tó throw to the bears and make them get up the tree. Will you buy us some to-day?

MRS. STUART.

Very willingly, my dear, but I suppose I need not recommend to you not to make use of it to set them one against the other. Such conduct would not show a good temper, and it would make me sorry to see you thus amuse yourselves at the expense of the poor animals.

LOUISA.

Oh! no, mamma, I promise you it is not for that. And you know, mamma, there is a grey one smaller than the others, and it scarcely ever gets any thing; well, we shall throw him some, shall we not Alfred? You know it is the smallest, the one-eyed fellow; mamma, I have been told it was the other bears who put out the other eye, the wretches!

Louise.

Oh! maman, la dernière fois que tu nous as amenés ici, je me rappelle que nous avons bien regretté de ne pas avoir du pain, pour jeter aux ours et les faire monter à l'arbre. Veux-tu nous en acheter aujourd'hui?

Mme Stuart.

Très-volontiers, ma fille, mais je n'ai pas besoin, sans doute, de vous recommander de ne point vous en servir pour les exciter les uns contre les autres. Ceci n'indique point un bon naturel, et je vous verrais avec peine vous amuser ainsi aux dépens de ces pauvres animaux.

Louise.

Oh! non, maman, je te le promets. Il y en a d'ailleurs un gris, tu sais, n'est-ce pas, beaucoup plus petit que les autres, et qui n'attrape presque jamais rien, lui. Eh bien! nous lui en jetterons, n'est-ce pas, Alfred? Tu sais, le plus petit, celui qui a un œil crevé. On dit, maman, que ce sont les autres ours qui lui ont fait cela, les méchans!

MRS. STUART.

You must accuse the bears less than the wicked children who all day seek the means of tormenting them, as you may also see, by throwing them a piece of bread tied to a string, which they pull back again until they even tire out the patience of those who look at them. Those children will perhaps be cruel, if their hearts are thus allowed to blunt their feelings of gentleness by the continual exercise of premeditated malice. God grant you may not resemble them!

ALFRED.

No, mamma, you know we do not like to see animals suffer, and to say nothing of myself, you may remember how poor Louisa cried the other day, when they were beating *Love*, who had stolen a piece of meat in the pantry.

MRS. STUART.

Well, Louisa, I prefer that much, to seeing you insensible to the ill treatment which animals may endure. But, we shall not remain long out here, to day. The

Mme Stuart.

Il faut moins accuser les ours que les méchans enfans qui cherchent toute la journée le moyen de les tourmenter, comme vous le voyez encore, en leur jetant du pain attaché à une corde, qu'ils retirent jusqu'à fatiguer même la patience de ceux qui regardent. Ces enfans-là seront cruels, peut-être, si on laisse leur cœur perdre ainsi l'habitude d'une douce pitié par l'exercice continuel d'une méchanceté calculée. Dieu veuille que vous ne leur ressembliez pas !

Alfred.

Non, maman, tu sais bien que nous n'aimons pas voir souffrir les animaux, et, sans parler de moi, tu te rappelles comme cette pauvre Louise a pleuré l'autre jour quand on battait *Love*, qui avait volé un morceau de viande à l'office.

Mme Stuart.

Eh bien ! Louise, j'aime beaucoup mieux cela que de vous voir insensible aux mauvais traitemens que peuvent subir les animaux. Mais nous ne resterons pas aujourd'hui beaucoup de temps ici : le cabinet est ou-

Museum is open; we shall go to it as soon as possible and we shall afterwards return into the garden, where I have to show you some curiosities to which we paid no attention the other day.

ALFRED.

Oh! thank you, mamma, we have never been to the Museum of natural history and we shall be very pleased at seeing all those beautiful things, about which we have heard so much a short time ago.

MRS. STUART.

Well! let us go in; it is just opening, and at the first step we find before us an Elephant and several other animals, that were as terrible during their lives as they are quiet now. The very sight of this silent assemblage of animals, the names of which recall so many ideas of strength and violence, scarcely fails to produce a secret impression of terror upon hearts endowed with even greater boldness than yours.

vert; nous irons le plus tôt possible, et nous descendrons ensuite dans le jardin, où j'aurai à vous montrer quelques curiosités auxquelles nous n'avons pas fait attention l'autre jour.

Alfred.

Oh! merci, maman, nous n'y avons jamais été au cabinet d'histoire naturelle, et nous aurons beaucoup de plaisir à voir toutes ces belles choses, dont on nous a tant parlé il y a quelque temps.

Mme Stuart.

Eh bien! entrons; on vient d'ouvrir, et nous voilà du premier coup en présence d'un éléphant et de plusieurs autres animaux aussi terribles pendant leur vie, qu'ils sont calmes maintenant. Le spectacle même de cette silencieuse réunion d'animaux, aux noms desquels se rattachent tant d'idées de force et de violence, ne manque guère de produire une secrète impression de terreur sur des cœurs même plus aguerris que les vôtres.

LOUISA.

They are stuffed, are they not mamma?

MRS. STUART.

Yes, my dear; those are not very well done, but you will see some up-stairs which are wonderfully well stuffed.

ALFRED.

Oh! mamma, what are all these curious looking sorts of stone plants? How very pretty they are, look here.

MRS. STUART.

Your expression is perhaps a juster one than you imagine; the greater part of these *arborisations* belong to the numerous family of the corals, and the learned are not quite agreed about the name which ought to be given them. But that does not lessen their grace nor their beauty... Come, Alfred, do not run so fast up stairs, you will fall down and hurt yourself.

ALFRED.

Oh! mamma, what a collection of ugly little monkeys?

Louise.

Ils sont empaillés, n'est-ce pas, maman?

Mme Stuart.

Oui, ma fille; ceux-là même ne le sont pas très-bien; mais vous en verrez là haut qui le sont merveilleusement.

Alfred.

Oh! maman, qu'est-ce donc que toutes ces espèces de charmantes petites plantes de pierre? comme elles sont jolies, vois donc.

Mme Stuart.

Ton expression est plus juste peut-être que tu ne le pensais; la plupart de ces *arborisations* appartiennent à la vaste famille des coraux, et les savans ne sont pas bien d'accord sur le nom qu'on doit leur donner. Mais cela n'enlève rien à leur grace et à leur gentillesse..... Allons, Alfred, ne cours pas si vite dans l'escalier, tu vas tomber et te faire mal.

Alfred.

Oh! maman, quelle collection de vilains petits singes!

LOUISA.

Look at that poor little child, mamma; how it cries! Has it fallen down?

MRS. STUART.

No, my dear, but it is no doubt afraid. The deception is so complete with respect to many of these little animals; their attitudes and grimaces are so natural, that it is not astonishing that such young children should be frightened. Motion is the only thing wanting to make them exactly like those which inhabit the pretty little palace you saw in the garden. But indeed, motion is every thing in a monkey.

ALFRED.

Oh! mamma look at the quantity of birds. Are they also all stuffed?

MRS. STUART.

Certainly, my dear, they are all stuffed, and the strong and unavoidable mell we have perceived ever since our entrance, is a very sufficient proof of it. But, that we may not lose our time, which is precious, let us immediately go to the most brillant part of this rich collection.

Louise.

Vois donc ce pauvre petit enfant, maman, comme il pleure! Est-ce qu'il est tombé?

Mme Stuart.

Non, ma fille, mais il a peur, sans doute. L'illusion est si complète pour un grand nombre de ces petits animaux, leurs postures et leurs grimaces sont si naturelles, qu'il n'est pas étonnant que des enfans aussi jeunes en soient effrayés. Pour ressembler à ceux qui habitent ce joli petit palais que vous avez vu dans le jardin, il ne leur manque que le mouvement. Il est vrai que pour des singes, c'est beaucoup.

Alfred.

Regarde, maman, que d'oiseaux! Est-ce qu'ils sont tous empaillés aussi?

Mme Stuart.

Certainement, mon ami, ils le sont tous, et cette odeur forte et inévitable que nous sentons depuis l'entrée en est une preuve bien suffisante. Mais, allons tout de suite, pour ne pas perdre un temps précieux, à la plus brillante partie de cette riche collection.

LOUISA.

Alfred, Alfred, pray look at all these pretty little birds; how nicely arranged they are. What is their name mamma?

MRS. STUART.

It is the numerous family of humming birds. In spite of their small size, it seems that nature has taken pleasure in lavishing upon them the rich colours, it has with held from other birds that are a thousand times larger. Nothing, in nature, can equal the brillancy of their plumage and colors, unless it should perhaps be a few of the vilest insects, and the almost incredible beauty of some butterflies' wings.

ALFRED.

And why have they been thus arranged mamma?

MRS. STUART.

There was no other end in view than to increase the beauty of the display; besides that, it also contributes perhaps to bring out still better the grace and elegance of

Louise.

Alfred, Alfred, tiens, regarde donc tous ces jolis petits oiseaux, comme ils sont joliment arrangés! Comment s'appellent-ils donc, maman?

Mme Stuart.

C'est l'innombrable famille des oiseaux-mouches. Malgré leur petitesse, il semble que la nature se soit plu à prodiguer sur eux les plus riches couleurs qu'elle a refusées à des oiseaux mille fois plus gros. Rien, dans la nature, ne peut égaler l'éclat de leur plumage et le brillant de leurs couleurs, si ce n'est peut-être quelques-uns des insectes les plus vils, et l'incroyable beauté de l'aile de quelques papillons.

Alfred.

Et pourquoi donc, maman, les a-t-on rangés ainsi?

Mme Stuart.

On n'a eu d'autre but que d'augmenter la beauté du coup-d'œil; cela, d'ailleurs, fait peut-être ressortir mieux encore la grâce et l'élégance de leur petite taille. Ils ont l'air

their small shape. Thus they look like a little winged senate, discussing with a calmness which is very foreign to their habitual vivacity, upon the interests of the republic of birds. Luckily they have lost their voice, for in such an assembly of living birds the number of orators, would soon exceed that of the audience.

LOUISA.

Do they sing, mamma?

MRS. STUART.

No, my dear, they only utter a shrill sound, but nothing can exceed their vivacity, and impatience, and the keenness of their little battles.

LOUISA.

Oh! what wicked creatures! Really they do not deserve to be so pretty.

MRS. STUART.

You are in the right, my dear, but you must remember that the same would be said of you if you were also to be wicked.

ainsi d'un sénat ailé discutant, avec un calme bien éloigné de leur pétulance habituelle, sur les intérêts de la république des oiseaux. Heureusement qu'ils ont perdu la voix, car une assemblée pareille d'oiseaux vivans compterait bientôt autant d'orateurs que d'auditeurs.

Louise.

Est-ce qu'ils chantent, maman?

Mme Stuart.

Non, ma fille, ils ne font que jeter un petit cri perçant, mais rien n'égale leur vivacité, leur impatience et l'acharnement de leurs petits combats.

Louise.

Oh! les méchans! ce n'est pas la peine d'être si jolis.

Mme Stuart.

Tu as raison, ma fille; mais, souviens-toi que l'on en dirait autant de vous, si vous étiez méchans aussi.

ALFRED.

Mamma, do look at these beautiful stones, how brilliant and varied their colours are! They are almost as fine as the humming birds' feathers.

MRS. STUART.

There are some persons, my dear, who would give all the humming-birds in the world, for one of those stones. There are others who would not even stoop to the ground, to pick up one of those magnificent crystallisations, and who would willingly undertake a long and perilous journey to procure some of these tiny humming-birds! The same thing happens with respect to the other branches of natural history. Each of those passionate men despises the taste which he does not possess, and this is very fortunate, for otherwise pitched battles would be fought for the wing of a butterfly, and struggles would continually take place about an ugly, black and horned insect.

LOUISA.

Pray, mamma, what are those little bits

Alfred.

Maman, vois donc ces belles pierres, comme leurs couleurs sont brillantes et variées ! C'est presque aussi beau que le plumage des oiseaux-mouches.

Mme Stuart.

Il y a des personnes, mon ami, qui donneraient tous les colibris du monde pour une de ces pierres. Il y en a d'autres qui ne se baisseraient pas jusqu'à terre pour ramasser une de ces magnifiques cristallisations, et qui entreprendraient un voyage périlleux et long pour se procurer quelques-uns de ces colibris si petits. Il en est de même pour les autres parties de l'histoire naturelle. Chacun de ces hommes passionnés méprise le goût qu'il n'a pas, et c'est fort heureux, car il se livrerait des combats autour de l'aile d'un papillon, et des batailles en règle pour un vilain insecte noir et cornu.

Louise.

Qu'est-ce donc, maman, que ces petits

of earth so nicely arranged upon paper? Are they worthy of being placed here?

MRS. STUART.

Why, my dear Louisa, that is merely gold. That coarse earth contains gold, and the different specimens of lead-ore you see there, are almost as handsome and brilliant, as those are ugly and dingy. You see how little you should trust to appearances.

ALFRED.

Oh! mamma, here are some pieces which are not very pretty, yet they are decidedly not gold.

MRS. STUART.

No, my dear, they are not gold, but of a substance which is perhaps more useful to man. It is iron. And this large piece which you think so ugly, is besides a much more remarkable object of curiosity than the gold ore yonder. It is said that this heavy piece of iron, the weight of which is very

morceaux de terre si proprement arrangés sur du papier ? Est-ce que cela vaut la peine d'être mis ici ?

Mme Stuart.

Mais, ma chère Louise, ce n'est tout simplement que de l'or. Il y a de l'or dans cette terre sale, et les divers minerais de plomb que vous voyez là sont presque aussi beaux et aussi brillans que ceux-là sont laids et terreux. Tu vois comme il ne faut point juger sur les apparences.

Alfred.

Ah ! par exemple, maman, en voilà qui, décidément, ne sont pas beaux, et qui, cependant, ne sont pas de l'or.

Mme Stuart.

Non, mon enfant, ce n'est pas de l'or, mais c'est peut-être plus utile aux hommes. C'est du fer. Et ce gros morceau, que tu trouves si vilain, est, en outre, un objet de curiosité bien autrement remarquable que les minerais d'or qui sont là bas. On prétend que ce lourd morceau de fer, qui est d'un poids

considerable, fell from the air, or as people sometimes say, from the sky. Here is another of the same description; they are called aeroliths.

LOUISA.

Dear me! but supposing they had fallen upon some one!

MRS. STUART.

It would have been a great misfortune, especially when I tell you that it fell with such velocity that it was found buried some feet in the ground.

ALFRED.

Have we seen every thing now, mamma?

MRS. STUART.

No, this is not yet all. Here are several rooms filled with fishes and reptiles preserved by divers methods. Some are stuffed and others are kept in spirits of wine: but these rooms are in general much less exciting to the spectator's curiosity, simply, no doubt, because they are less brilliant. But let us go down into the garden.

fort considérable, est tombé de l'air, ou, comme on dit, tombé du ciel. En voici encore un autre, et l'on appelle cela des aérolithes.

Louise.

Ah! mon Dieu, mais si cela était tombé sur quelqu'un!

Mme Stuart.

C'eût été un grand malheur, surtout quand je te dirai qu'il est tombé avec tant de rapidité qu'on l'a retrouvé à plusieurs pieds dans la terre.

Alfred.

Est-ce que cela est déjà fini, maman?

Mme Stuart.

Non, ce n'est pas fini encore. Ainsi, voilà plusieurs salles consacrées aux poissons et reptiles, conservés par des procédés divers. Les uns sont empaillés, les autres sont dans de l'esprit de vin; mais ces salles piquent généralement beaucoup moins la curiosité, uniquement, sans doute, parce qu'elles sont moins brillantes. Mais, descendons au jardin.

LOUISA.

Oh! mamma, there is certainly going to be a storm; look how dark the sky is this way, and listen how the wind rises.

ALFRED.

What does that signify? A few drops of water will not kill us. We might still have time to go and see the lions and the tigers. Oh! mamma, I am so fond of seeing them.

MRS. STUART.

Well, let us make haste, for like your sister, I fear we shall be caught in the rain. But, as you pass, look at these beautiful hot-houses that have been recently built, and in which are collected all the vegetable riches of the hottest countries. I shall bring you here some day to see them if I can obtain permission, for it is not easy to enter them.

ALFRED.

Yes, I should be very pleased with it, though I understand little about botany.

Louise.

Oh! maman, il va faire de l'orage certainement; vois donc comme le temps est noir par ici, et comme le vent s'élève.

Alfred.

Qu'est-ce que cela fait? nous ne mourrons pas pour quelques gouttes d'eau. D'ailleurs, nous aurions encore le temps d'aller voir les lions et les tigres. Oh! j'aime tant les voir, maman.

Mme Stuart.

Eh bien! dépêchons-nons, car je crains, comme ta sœur, d'être surprise par la pluie. Mais, en passant, regardez ces belles serres qui viennent d'être construites, et où se trouveront réunies toutes les richesses végétales des pays les plus chauds. Je vous amènerai un jour les voir, si je puis en obtenir la permission, car on n'y entre pas comme l'on veut.

Alfred.

Ah! j'en serais bien aise, quoique je n'entende pas grand' chose à la botanique. Ce-

But still they must be very curious. However, here we are, near the living animals. This is what pleases me most. Come, mamma, come this way. Look at the elephant walking about in his little court.

MRS. STUART.

See, my dear boy, what a difference there is between the gentleness of this majestic animal and the ferocity of the greater part of the others. His sagacity also renders him capable of being eminently useful to man in the countries which he inhabits, and he is still useful to him after his death.

ALFRED.

And in what way, mamma, can he be so useful then?

MRS. STUART.

Do you not perceive the two large teeth growing out of his upper jaw. It is they which furnish us with ivory.

ALFRED.

And what does he live upon, mamma?

pendant cela doit toujours être curieux. Mais, nous voilà auprès des animaux vivans, c'est ce que j'aime le plus à voir. Viens par ici, maman, viens voir l'éléphant qui se promène dans sa petite cour.

Mme Stuart.

Vois, mon cher Alfred, quelle différence il y a entre la douceur de ce majestueux animal et la férocité de la plupart des autres. Son intelligence le rend aussi capable d'être de la plus grande utilité à l'homme dans les pays qu'il habite, et il lui est encore utile après sa mort.

Alfred.

Et en quoi donc, maman, peut-il être si utile alors?

Mme Stuart.

Ne vois-tu pas les deux grosses dents qui lui sortent de la mâchoire supérieure. Ce sont elles qui nous donnent l'ivoire.

Alfred.

Et de quoi vit-il donc, maman?

MRS. STUART.

The elephant eats the leaves of trees and grass; it is also particularly fond of rice and of the young tobacco plants.

LOUISA.

The tobacco cannot be very nice, particularly if it has the same taste as that which is used for smoking. But the elephant must be a long time in attaining that size, is it not?

MRS. STUART.

About eleven or twelve years; but they live to a great age — it is even said they live a hundred and fifty or two hundred years. They are also very fond of music and flowers, and they have a decided taste for brandy and wine.

ALFRED.

Oh what drunkards! But I suppose they do not often get any. Now, mamma, let us go on farther, and let us look at the lions, for we have but little time left.

Mme Stuart.

Il mange des feuilles d'arbre et de l'herbe, particulièrement du riz et les jeunes plants de tabac.

Louise.

Cela ne doit pas être très-bon le tabac, surtout si cela a le même goût que celui qu'on fume; mais l'éléphant doit être long-temps à parvenir à cette grosseur, n'est-ce pas?

Mme Stuart.

A peu près onze ou douze ans, mais ils vivent très-long-temps; on dit même qu'ils vivent de cent cinquante à deux cents ans. Ils aiment beaucoup la musique et les fleurs, et ils ont un goût prononcé pour l'eau-de-vie et le vin.

Alfred.

Oh! les ivrognes! mais je pense qu'on ne leur en donne pas souvent. Maintenant, maman, passons plus loin, et allons voir les lions, car il ne nous reste plus beaucoup de temps.

MRS. STUART.

Well! here we are at last. Are you pleased now? As for me I do not like to come here on account of the disagreeable smell proceeding from these beasts of prey.

LOUISA.

You are in the right, mamma, and when the weather is warm it is really unbearable. But what beautiful creatures! really they well deserve that one should go a little out of one's way to see them.

MRS. STUART.

But here, my dear girl, the poor animals, enclosed in narrow dens, lose almost all the nobleness and pride of appearance which is their chief characteristic. The lion, particularly, does not attain his ordinary size, and when he is shut up, he no longer possesses the energy which renders him so terrible and so grand in the desert.

ALFRED.

And what height does he grow to in the desert, mamma?

Mme Stuart.

Allons, nous y voilà enfin; est-tu content? Moi, je n'aime pas venir ici, à cause de la mauvaise odeur de ces animaux carnassiers.

Louise.

C'est vrai, maman; et, quand il fait chaud, elle est véritablement insupportable. Mais quelles magnifiques créatures! vraiment, elles méritent bien qu'on se dérange un peu pour les voir.

Mme Stuart.

Mais, ici, ma chère fille, enfermées dans d'étroites cages, ces pauvres bêtes perdent presque toute leur noblesse et la fierté de maintien qui les caractérise : le lion n'atteint pas sa grandeur naturelle, et quand il est enfermé, il n'a plus cette énergie qui le rend si terrible et si beau dans le désert.

Alfred.

Et de quelle taille est-il donc au désert, maman?

MRS. STUART.

I have read somewhere that the lion sometimes attains the enormous growth of ten feet in length and five in height. His gait is proud and majestic, and his terrible roaring causes all those who hear it to tremble. The immense force of his tail alone is sufficient to knock down a man.

LOUISA.

I should be very pleased at having a fine lion-skin in my bed-room; how nice and warm that thick mane must be!

MRS. STUART.

If you talk of skins, you ought rather to think of that of the tiger which is streaked with such regularity. Here, come and look at it. Is it not very handsome? What a difference, however, there is between his physiognomy, if I may use the word, and that of the lion. See how he keeps his eyes half closed exactly as you may have seen our cat, when it basks in the sun, on the window-sill. He looks demure and hypocritical, but he is much more cruel and fero-

Mme Stuart.

J'ai lu quelque part que le lion atteint quelquefois les proportions énormes de dix pieds de longueur sur cinq de hauteur. Sa démarche est fière et grave, et son rugissement terrible fait trembler tout ce qui l'entend. La force de sa queue est suffisante pour jeter un homme à terre.

Louise.

J'aimerais bien avoir une belle peau de lion dans ma chambre à coucher; comme cette épaisse crinière doit être chaude!

Mme Stuart.

Si tu parles de peaux, tu devrais plutôt penser à celle du tigre, qui est si régulièrement marquée; tiens, viens le regarder; n'est-il pas bien beau? Quelle différence cependant entre sa physionomie, si je puis employer ce mot, et celle du lion! regarde comme il tient ses yeux à moitié fermés, exactement comme tu as vu souvent notre chat quand il se chauffe à la fenêtre aux rayons du soleil. Il a un air doucereux et hypocrite, mais il est bien plus cruel et plus

cious than the lion. The latter scarcely ever attacks but when it is driven by hunger. The tiger, on the contrary, kills for the pleasure of killing, and attacks without distinction all that comes in its way.

LOUISA.

How happy we are in France to be without such dreadful guests! We have but the wolf, and I believe, mamma, you have told me they become less numerous every year.

MRS. STUART.

Yes, my dear, it is true, thanks to the rewards which have been offered to all those who kill them; some years ago they still exercised great ravages in certain parts of France. But come, my dear children, we have had enough for once; I am really tired with our long walk, and we must think of finding an omnibus, in order to arrive at home in time for dinner.

féroce que le lion. Celui-ci n'attaque guère que quand il est excité par la faim ; le tigre, au contraire, tue pour le plaisir de tuer, et attaque sans distinction tout ce qu'il trouve en son chemin.

Louise.

Que nous sommes heureux, en France, de n'avoir pas de ces terribles hôtes! nous n'avons que le loup, et je crois que tu m'as dit, maman, que chaque année ils deviennent plus rares.

Mme Stuart.

Oui, ma fille, c'est vrai, grâces aux récompenses qui ont été offertes à tous ceux qui les tuaient; il y a quelques années qu'ils exerçaient encore de grands ravages dans certaines parties de la France. Mais, allons, mes enfans, en voilà assez cette fois ; je suis vraiment fatiguée de notre grande promenade, et il faut penser à regagner l'omnibus, afin d'arriver à temps pour dîner.

XI.

ON THE RAIL-ROAD.

RICHARD.

Papa, is your watch right? I wish you would look, so that we may know how long we shall be going to Versailles.

MR. DELANO.

Yes, yes, it goes very well, and we shall know to a minute what time we shall take. But we have time to get tired before we set off. Let us sit down.

RICHARD.

But, papa, do they not take great care of the travellers here? And are not these waiting rooms fitted up with great elegance.

XI.

AU CHEMIN DE FER.

Richard.

Papa, ta montre est-elle bien réglée? Il faut voir combien nous mettrons exactement pour aller à Versailles.

M. Delano.

Oui, oui, elle va très-bien, et nous saurons cela au plus juste. Mais, en attendant que nous soyons partis, nous avons le temps de nous lasser, asseyons-nous donc.

Richard.

Mais, sais-tu, papa, que l'on a soin des voyageurs, ici, et que ces salles d'attente sont décorées avec beaucoup de luxe?

MR. DELANO.

Well, my dear boy, all these handsome rooms are but temporary. That is why the elegance displayed in them is more brillant than durable. But look down there, near the rue Saint-Lazare, they are building a regular station-house, which, it is said, will be decorated with more plainness, but built upon a larger and more substantial scale.

RICHARD.

What are those figures painted on the wall, in medallions, and why have they placed them there?

MR. DELANO.

It is an honour conferred upon the men whose labours have most contributed to forward the progress of the admirable invention of the steam-engine. Here are James Watt, Denys Papin, Simon de Caux, Bacon, the pope Gerbert, and also others, by whose hands those prodigious engines were formed, which daily tend towards becoming more simple and more powerful.

M. Delano.

Eh bien! mon ami, tous ces salons ne sont que provisoires. Aussi le luxe que l'on y a étalé a-t-il plus d'éclat que de solidité. Mais tu vois, là-bas, auprès de la rue Saint-Lazare, on bâtit un véritable embarcadère qui sera, dit-on, décoré dans un goût plus simple, mais plus solide et plus grand.

Richard.

Quelles sont donc ces figures qui sont peintes là, dans ces médaillons, et pourquoi les a-t-on mises ici?

M. Delano.

C'est un hommage rendu aux hommes dont les travaux ont le plus contribué à donner l'impulsion à l'admirable invention de la machine à vapeur. Voilà James Watt, Denys Papin, Simon de Caux, Bacon, le pape Gerbert, et d'autres encore, sous la main desquels se sont formées ces prodigieuses machines, qui tendent chaque jour à devenir à la fois plus simples et plus puissantes. Il

It is impossible to foretel the limits which nature will oppose to the efforts of man, but it is beyond all doubt that the wonders of which we are now witnesses will some day be eclipsed by other wonders which will cost man still less labour and danger.

RICHARD.

Ah! they are ringing the bell, papa; it is to set off, is it not?

MR. DELANO.

I think it is... Yes, they are opening the doors. But it is useless to run; we shall still have room enough, and the journey lasts so short a time, that is very immaterial whether we are placed here or there.

RICHARD.

Look papa; here is an empty wagon, let us take possession of it.

MR. DELANO.

No, it is better to travel in one of the wagons, nearer to the machine, for the last are generally shaken with violence, and

est impossible de prévoir les limites que la nature imposera aux efforts de l'homme, mais il est hors de doute que les prodiges dont nous sommes témoins seront un jour effacés par d'autres prodiges qui coûteront à l'homme moins de travail et de dangers.

Richard.

Ah! voilà qu'on sonne, papa; c'est pour partir, n'est-ce pas?

M. Delano.

Je le pense..... oui, tiens, voilà qu'on ouvre les portes. Mais il est inutile de courir, nous aurons toujours des places, et le voyage dure si peu de temps, qu'il est assez indifférent d'être placé ici ou là.

Richard.

Tiens, papa, voilà un wagon vide, emparons-nous-en.

M. Delano.

Non, il vaut mieux que nous allions dans un wagon plus près de la machine, car les derniers sont ordinairement secoués avec

the first roll along much more steadily and quietly.

RICHARD.

Now they are setting off, see the exact time, papa.

MR. DELANO.

Yes, yes; make yourself easy about it. Look here, Richard, come near the carriage door. You will be much better seated, in the first place, because you will go forwards, and you will see the country much better; besides that, the extreme rapidity of the trains is less felt than when you look at the objects nearest to the carriages.

RICHARD.

Is it very far from here to Versailles, papa?

MR. DELANO.

It is about 24 kilometres, nearly 5 post leagues.

RICHARD.

And how long shall we be going?

violence, au lieu que les premiers roulent avec plus de calme et de tranquillité.

Richard.

Voilà qu'on part, regarde bien l'heure, papa.

M. Delano.

Oui, sois tranquille; bien, Richard, mets-toi là, à la portière, tu seras mieux, d'abord parce que tu iras en avant, et tu verras beaucoup mieux le paysage; d'ailleurs, l'extrême rapidité du convoi est moins sensible que quand on regarde les objets rapprochés des voitures.

Richard.

Y a-t-il bien loin, papa, d'ici Versailles?

M. Delano.

Il y a près de 24 kilomètres, à peu près 5 lieues de poste.

Richard.

Et combien mettrons-nous pour arriver?

MR. DELANO.

It depends upon many circumstances which I cannot foresee. I have been there several times in 27 or 28 minutes; but when nothing happens to disturb the journey, and when the weather is favorable, we generally get there in half an hour.

RICHARD.

When the weather is favorable, papa! But what can that signify upon a rail-road?

MR. DELANO.

It may make some difference, my dear boy. See, we have arrived at Asnieres and we are crossing the Seine. Do you see, down there, on the left, in the background, just in the middle of the river, the fine trees which cover the delightful island, close to the royal residence of Neuilly.

RICHARD.

Yes, papa, they are very handsome, but you have not told me what the bad weather could have to do with such a journey as

M. Delano.

Cela dépend d'une foule de circonstances que je ne puis prévoir ; j'y suis allé plusieurs fois en 27 ou 28 minutes; mais, quand rien ne dérange trop le voyage, et que le temps est favorable, c'est ordinairement en une demi-heure que l'on arrive.

Richard.

Quand le temps est favorable, papa? Mais qu'est-ce que cela peut faire sur un chemin de fer?

M. Delano.

Cela peut faire beaucoup, mon ami... Tiens, nous voilà à Asnières, et nous passons sur la Seine. Vois-tu là-bas, à gauche, dans le fond, tout au milieu de la rivière, les beaux arbres qui couvrent cette île charmante, qui est au bas du château royal de Neuilly?

Richard.

Oui, papa, c'est fort beau ; mais tu ne m'as pas dit ce que pouvait faire le mauvais temps à un voyage comme le nôtre. Qu'il

ours. Whether it rains or whether the wind blows, we can always get along a rail-road.

MR. DELANO.

That is very true, my dear boy; look here; it is at this spot that the rail-road to Versailles leaves that which goes to Saint-Germain.

RICHARD.

Where do you mean, papa?

MR. DELANO.

Here; do you not see it this way, on the right.

RICHARD.

Oh! yes, I can see it; but tell me what the bad weather can have to do with the rail-road papa?

MR. DELANO.

A good deal, my dear. The wind alone when it is quite contrary, or even when it blows sideways, may, if it be rather strong, considerably impede the progress of the train.

fasse de la pluie ou du vent, on roule toujours sûr du fer.

M. Delano.

Cela est vrai, mon ami. Tiens, c'est ici que le chemin de Versailles se sépare de celui de Saint-Germain.

Richard.

Où donc, papa?

M. Delano.

Tiens, vois-tu, par ici, à droite.

Richard.

Ah! oui, c'est vrai; mais le mauvais temps, papa, que peut-il faire à un chemin de fer?

M. Delano.

Beaucoup, mon ami; le vent seul, quand il est absolument contraire, et même latéral, peut, s'il est un peu violent, considérablement retarder la marche du convoi.

RICHARD.

Yes, but what can rain do? I am still desirous of knowing how the rain can act here. We have no mud to fear.

MR. DELANO.

No we have not, but when it has rained, particularly during some time, the banks of earth formed to raise the road, being moistened by the damp, lose part of their former firmness, and prudence then requires that the force of the steam should be slackened, in order not to communicate a shock to the road which might easily become fatal.

RICHARD.

Indeed papa, but why do they almost always form the rail-road upon raised banks, or else in such deep trenches which are enough to make one shudder? The other day in going to Versailles by the road on the left bank of the Seine, with mamma, we went over a bridge that was so very, very high that I dared not look down.

Richard.

Oui, mais la pluie, elle? Je suis toujours curieux de savoir ce que la pluie peut faire ici; nous n'avons pas de boue à craindre.

M. Delano.

Non, c'est vrai; mais quand il a plu, surtout pendant quelque temps, les terres amoncelées pour élever la route, détrempées par l'humidité, ont perdu une partie de leur solidité première; et la prudence exige alors qu'on ralentisse beaucoup l'énergie de la vapeur, pour ne point communiquer à la chaussée un ébranlement qui pourrait facilement devenir funeste.

Richard.

En effet, papa, pourquoi donc fait-on presque toujours des chemins de fer sur des chaussées ou bien dans des tranchées qui sont profondes à faire trembler. L'autre jour, en allant à Versailles par le chemin de la rive gauche de la Seine, avec maman, nous avons passé sur un pont qui était si haut, si haut, que je n'osais pas regarder en bas.

MR. DELANO.

There are two reasons, my dear child, which almost always render it necessary to keep the level of the road either upon a raised bank, or along the bottom of a trench. In the first place, the carriages could not ascend a very steep acclivity; the wheels would turn without advancing. Therefore, every time we meet with a hill or a valley, it is absolutely necessary to raise or to depress the soil. Besides that, the dangerous rapidity of steam-carriages does not allow of their being permitted to cross the populous communications, in the neighbourhood of great towns, on the same level.

RICHARD.

Then, that is why we passed under the exterior boulevart, under some of the streets of the Batignolles and over the Chemin de la Révolte.

MR. DELANO.

Exactly so, my boy, and you must have noticed that the Chemin de la Révolte has been dug out to allow the bridge to be made

M. Delano.

Il y a deux raisons, mon cher enfant, qui obligent presque toujours à tenir le niveau des chemins de fer sur des chaussées ou dans le fond d'une tranchée. D'abord, les voitures ne pourraient monter sur un plan un peu rapide, les roues tourneraient sans avancer. Toutes les fois donc qu'il se présente une colline ou une vallée, il faut absolument élever ou creuser les terres. Ensuite, la dangereuse rapidité des voitures à vapeur ne permet point de leur faire traverser de plein-pied des communications aussi fréquentées qu'elles le sont ordinairement à l'abord des grandes villes.

Richard.

C'est donc pour cela que nous avons passé sous le boulevart extérieur, sous quelques rues des Batignolles, et sur le chemin de la Révolte.

M. Delano.

Précisément, mon ami, et tu as dû voir que le chemin de la Révolte a été creusé pour permettre de tenir le pont moins élevé,

lower, and that on the contrary, the road under which we are going pass has been raised. The causeway thus requires to be less elevated , and that is of the greatest importance, for those are the works which cause the greatest expense.

RICHARD.

Is that the Bois de Boulogne, papa, which is perceived on the other side of the Seine.

MR. DELANO.

Yes, my dear; you see that the Seine surrounds it, on this side, like an immense girdle. When the season is less advanced, we have from Mount Valerian, near which we are passing, a splendid view over all the extent of that part of the Seine which surrounds Paris. Look, there is Saint-Cloud.

RICHARD.

Oh! papa, what is the other rail-way which I see this way, to the left?

MR. DELANO.

It is the branch station for Saint-Cloud, but I believe it will only be used during

tandis qu'au contraire on a relevé le chemin sous lequel nous allons passer. On peut ainsi donner moins d'élévation à la chaussée, et cela est très-important, car ce sont les travaux qui entraînent les plus grandes dépenses.

Richard.

Est-ce le Bois de Boulogne que l'on voit derrière la Seine ?

M. Delano.

Oui, mon ami ; tu vois que la Seine l'environne comme une vaste ceinture par ici ; quand la saison est moins avancée, on a, du Mont-Valérien, près duquel nous passons maintenant, une fort belle vue sur tout le bassin de cette partie de la Seine qui environne Paris. Tiens, voilà Saint-Cloud.

Richard.

Oh ! papa, qu'est-ce que c'est que cet autre chemin de fer que je vois ici, à gauche?

M. Delano.

C'est l'embranchement d'un petit débarcadère spécial pour Saint-Cloud ; mais il ne

the time of the fête, which attracts so great a number of Parisians.

RICHARD.

But how do they manage to get the carriages upon that road? It seems to me that the rails are continued without any interruption.

MR. DELANO.

You are right, but they manage as they did when we left the road to Saint-Germain. There is a contrivance which is attended to with great care by a man. By means of this, and at a single stroke, the extremities of the rails of the branch, which terminate in the shape of a wedge, are brought close to the rails of this road, which opens at the same time, and allows the carriages to glide on the new system of rails which has just been fitted to it.

RICHARD.

But, papa, supposing they were to forget to use the contrivance you have just spoken

doit servir, je crois, que pour le temps de la fête, qui attire un si grand nombre de Parisiens.

Richard.

Mais, comment les voitures font-elles donc pour passer sur ce chemin? Il me semble que les rails se continuent sans interruption.

M. Delano.

Tu as raison, mais elles font comme elles ont fait quand nous avons quitté le chemin de fer de Saint-Germain. Il y a un mécanisme qui doit être surveillé avec beaucoup de soin par un homme. Par ce mécanisme, et d'un seul coup, l'extrémité des rails de l'embranchement, terminée en forme de coin, est rapprochée des rails du chemin, qui s'ouvrent, eux aussi, en même temps, et laissent filer la voiture sur le nouveau système de rails qui vient d'y être adapté.

Richard.

Mais, dis-moi, papa, si l'on allait oublier de mettre en jeu le mécanisme dont tu parles,

of, and which I now recollect having seen near Asnieres.

MR. DELANO.

If they were to forget to do it, it would not be great misfortune : they would only have to work back again and begin once more. But there are, however, cases in which it is much more serious. In Belgium where there are much longer rail-roads than this one, they have turning-bridges, to cross the rivers with, and but a short time ago, part of a train and the engine, took a dangerous leap into a small river. The most dreadful accidents might have resulted from it; very fortunately, the mischief was less than might have been apprehended, and the most serious wounds did not prove mortal.

RICHARD.

Dear me! papa, what a situation ! But are there many rail-roads in Belgium?

MR. DELANO.

Yes, it is now one of the most forward

et que je me rappelle maintenant avoir vu auprès d'Asnières?

M. Delano.

Si l'on oubliait de le faire, il n'y aurait pas un très-grand malheur, on en serait quitte pour revenir sur ses pas et recommencer; mais il y a cependant des circonstances où cela est bien autrement grave. En Belgique, où il y a des chemins beaucoup plus longs que celui-ci, ils ont, pour passer les rivières, des ponts mobiles; il n'y a pas bien long-temps encore qu'une partie du convoi fit, avec la machine, une dangereuse culbute dans une petite rivière. Il pouvait en résulter les plus terribles accidens; fort heureusement le mal fut moins grave qu'on eût dû le craindre, et les plus graves blessures ne furent pas mortelles.

Richard.

Oh! mon Dieu, papa, quelle position! Mais, est-ce qu'il y en a beaucoup, en Belgique, des chemins de fer?

M. Delano.

Oui, c'est maintenant un des pays du con-

countries on the continent in that respect. Unfortunately the police regulations on those roads, and also in England and America, are not enforced with sufficient strictness and give rise to a certain quantity of accidents. There is a short one between London and Greenwich built entirely upon a series of arches in masonry. Two of these arches fell in, at once, about 18 months since, and the dreadful shaking of the trains probably reserves the same fate to the rest of the road, whatever its solidity may be. However, it is in America that there are the longest rail-roads and the most numerous. But every thing is in their favour; land costs them nothing, wood only costs the labour of cutting it down, the country is flat, and the roads but few in number. They are therefore not obliged to raise those enormous banks which absorb so much capital in Europe, especially near the towns. Look, here is the tunnel of Saint-Cloud.

RICHARD.

Oh! dear me papa; but it seems still longer than that of the Batignolles.

tinent les plus avancés sous ce rapport; malheureusement la police de ces chemins, là, comme en Angleterre et en Amérique surtout, est faite avec trop peu de sévérité, et donne lieu à un certain nombre d'accidens. Il y en a un petit entre Londres et Greenwich, bâti tout entier sur une série d'arches en maçonnerie; deux de ces arches s'écroulèrent à la fois un beau jour, il y a peut-être dix-huit mois, et l'ébranlement terrible des convois réserve probablement le même sort au reste du chemin, quelle que puisse être sa solidité. C'est, d'ailleurs, en Amérique que l'on voit les plus longs chemins de fer, et les plus nombreux. Mais là, tout les favorise : les terres ne coûtent rien, le bois ne coûte que la peine de le couper, le pays est plat et les routes très-peu nombreuses. Ils ne sont donc point obligés de faire ces énormes terrassemens qui absorbent tant d'argent en Europe, surtout près des villes. Tiens, voilà le tunnel de Saint-Cloud.

Richard.

Oh! mon Dieu, papa, mais il me semble plus long encore que celui des Batignolles.

MR. DELANO.

And it is longer, but here is the end. Now, look behind a little, upon the magnificent valley between Meudon and Saint-Cloud. We frequently go much farther to see something much less fine. But it is the same every where; things are seldom estimated at what they are worth; distance and difficulty frequently form their whole merit. I might give you a long train of moral reflections on this subject, but we shall shortly arrive at Versailles. Let us immediately prepare to get down, and do not forget any thing in the carriage.

RICHARD.

No, papa, I shall forget nothing: well, here we are at Versailles; let us go to the chateau... will you, papa?

MR. DELANO.

Yes, let us go, my dear boy, as one's principal object in coming to Versailles can only be for that.

M. Delano.

Il l'est davantage aussi, mais voilà la fin. A présent, tiens, regarde un peu en arrière, sur cette magnifique vallée entre Meudon et Saint-Cloud. Nous allons bien loin souvent pour voir quelque chose de moins beau. Mais il en est partout de même, on n'estime rarement les choses ce qu'elles valent; l'éloignement ou la difficulté en fait souvent tout le mérite. Il y aurait là-dessus à faire de fort belle morale, mais nous voilà tout-à-l'heure arrivés à Versailles. Préparons-nous à descendre, et n'oublie rien dans la voiture.

Richard.

Non, papa, je n'oublie rien. Ainsi, nous voilà à Versailles; allons au château...... Veux-tu, papa?

M. Delano.

Allons-y, mon ami, puisqu'on ne vient presque à Versailles que pour cela.

XII.

FISHING.

MR. MONTFORT.

Well! Frank, when shall you be ready to start. This is just how you manage. I am always obliged to wait for you a good half-hour.

FRANK.

But, my dear papa, if you did but know how long all this takes to prepare! I have already been an hour about it, and I am scarcely ready yet. Last time I and my cousin went fishing he entangled all my lines and I have just had a terrible deal of trouble to disentangle them. Well, now I am ready at last. Let us start, papa.

XII.

LA PÊCHE.

M. Montfort.

Eh bien! Frank, quand seras-tu prêt à partir, voilà bien comme tu t'arranges. Il faut toujours que je t'attende une grande demi-heure.

Frank.

Mais, mon cher papa, si tu savais combien tout cela est long à apprêter! J'y suis déjà depuis une heure, et à peine si je suis prêt. La dernière fois que nous sommes allés à la pêche, mon cousin et moi, il m'a mêlé toutes mes lignes, et je viens d'avoir une peine terrible pour les défaire. Enfin, me voilà prêt... partons, papa.

MR. MONTFORT.

At least I hope you are quite sure of not having forgotten any of your instruments of destruction. Have you your lines, hooks, rods and worms? For it would be very tiresome on arriving there to find ourselves unprovided with all this, and to have taken a useless walk. But what is that? you have an enormous basket with you. What shall you do with it?

FRANK.

Why, papa, we must have something in which to bring home our fish. I hope, it will not happen to day as last time we went, when we only brought home three miserable gudgeons.

MR. MONTFORT.

Ha! ha! you make me laugh with your basket. Well! it seems you hope we shall have better luck to day than the last time; and what is it then, that makes you think so?

M. Montfort.

Tu es au moins bien sûr, j'espère, de n'avoir rien oublié de tous tes instrumens de carnage. As-tu tes lignes, tes hameçons, tes baguettes et des vers? Car il serait fort ennuyeux, en arrivant là, de se trouver au dépourvu, et d'avoir fait une promenade inutile. Mais, quoi donc! tu as pris là un panier énorme. Qu'en veux-tu donc faire?

Frank.

Mais, papa, il nous faut bien quelque chose pour rapporter notre poisson. Il n'en sera pas aujourd'hui, j'espère, comme la dernière fois que nous y sommes allés, que nous n'avons rapporté que trois malheureux goujons.

M. Montfort.

Ah! ah! tu me fais rire avec ton panier. Enfin, tu espères donc que nous aurons aujourd'hui meilleure chance que l'autre jour; et qu'est-ce donc qui te fait espérer cela?

FRANK.

But just listen, papa; it is because I had a long conversation with the miller who lives down there near the bridge. You know he catches all the finest fish in the river. Well! I have asked him how he managed to do it, and you will see that we shall also catch some.

MR. MONTFORT.

Alas, my dear boy, I suppose the cunning miller has not given you up his grand secret. But I think that the best means, and it is certainly that which he uses, contrary to the regulations, for I know he has no right to do so; the best means, I say, is to make use of a good net. We are then almost certain of catching something.

FRANK.

Oh! he has not only shown me how to catch them, but he has also given me a quantity of ground-bait, which he has had the kindness to prepare for me, to use to day.

Frank.

Ah! vois-tu, papa, c'est que j'ai eu une grande conversation avec le meunier qui demeure là-bas, auprès du pont; tu sais qu'il attrape tout le plus beau poisson de la rivière. Eh bien! je lui ai demandé comment il s'y prenait, et tu verras que nous en prendrons aussi, nous.

M. Montfort.

Hélas! mon ami, je crois que le rusé meunier ne t'a pas donné son grand secret. Je crois, moi, que le meilleur moyen, et c'est sans doute celui qu'il emploie, contre les réglemens, car je sais qu'il n'en a pas le droit, le meilleur moyen, dis-je, c'est de se servir d'un bon filet. On est alors presque toujours certain de prendre quelque chose.

Frank.

Oh! non seulement il m'a dit comment les prendre, mais il m'a donné une quantité d'amorces qu'il a eu la complaisance de me préparer pour aujourd'hui. J'avais oublié

I had also forgotten to tell you it was that, which I had put into my large basket.

MR. MONTFORT.

And how shall you use it?

FRANK.

He told me that on arriving at the spot where we are going to fish, I must throw the ground-bait into the water. It consists of clay, bran and small red and white worms, which the gudgeons are very fond of. We have made balls of this stuff, which will immediately sink and attract the fish. We must then throw in our fishing line, and we may be almost certain of having wonderful sport.

MR. MONTFORT.

I wish you much luck, my dear Frank, but I have great doubts about it. As for me, I shall be quite satisfied with having come here to breathe the sweet fresh air on these delightful banks, and if your basket be not filled with gudgeon for dinner, at least you will have the consolation of having brought them an excellent repast, for which they will no doubt show you the greatest gratitude.

aussi de te dire que c'était ce que j'avais mis dans mon grand panier.

M. Montfort.

Et comment vas-tu employer cela?

Frank.

Il m'a dit qu'en arrivant à l'endroit où nous allons pêcher, il faudra que je jette cette amorce dans l'eau. Elle est composée de terre glaise, de son et de petits vers rouges et blancs que messieurs les goujons aiment beaucoup. Nous en avons des boulettes qui iront directement au fond et qui attireront les poissons. On doit alors jeter sa ligne, et on est presque certain de faire une pêche miraculeuse.

M. Montfort.

Je te souhaite bien du bonheur, mon cher Frank, mais j'en doute. Pour moi, je me trouverai assez heureux d'être venu ici pour respirer l'air frais et embaumé de ces jolis bords, et si ton panier ne se remplit point de goujons pour ton dîner, au moins tu auras la consolation de leur avoir apporté une excellente pâtée, dont ils te seront sans doute extrêmement reconnaissans...

FRANK.

By letting me catch them, I hope. But we shall see if my sister will be able to laugh at me as she did last time. Well! here we are at last, papa, on the banks of the river, and close to the place pointed out to me by the miller. Stop, just look yonder, near the pier of the ruined bridge; and farther on, under those willows, he told me we should find some chub.

MR. MONTFORT.

Yes, but you will not be able to catch any; it is a fish which is most easily frightened, and the very shadow of your rod will suffice to alarm it. But, come, let me see what bait you have in your box. Though it is a long time since I have fished, and though I would not assist you the other day, as I did not feel inclined to dirty my hands, yet, as I am perhaps as learned in the art, as you are, we shall see what we can do together to-day.

Frank.

En se laissant prendre, j'espère. Mais nous verrons si ma sœur pourra se moquer de moi, comme la dernière fois. Enfin, papa, nous voilà au bord de la rivière, et tout près de l'endroit que m'a indiqué le meunier. Tiens, regarde là-bas, contre ce vieux pilier du pont en ruines... et plus loin, sous ces saules, il m'a dit que nous trouverions du chabot.

M. Montfort.

Oui, mais tu ne pourras en prendre. C'est un poisson qui est très-facilement alarmé, et l'ombre seule de ta baguette suffira pour lui faire peur. Mais, voyons donc un peu quel appât tu as dans ta boîte. Quoiqu'il y ait long-temps que je n'aie pêché, et quoique je n'aie pas voulu t'aider l'autre jour, car je n'étais pas disposé à me salir les mains, cependant comme je suis peut-être aussi instruit dans l'art que toi, nous allons voir ce que nous pourrons faire ensemble aujourd'hui.

FRANK.

Oh! I am much obliged to you, papa. Now, I defy the gudgeon to escape me.

MR. MONTFORT.

Gently, my boy, do not proclaim your victory yet. However we have some reason to expect more success to-day than last time. The weather is calm and a little cloudy. It has rained a little this morning. In a word, the day is much more favorable. Come here, I had not told you what I had brought in my pocket. Whilst you are going to angle for a few small perch, for which we have some excellent red worms, here are four ground-lines which we shall bait for large fish, and throw into the very middle of the river.

FRANK.

But how shall we know when the fish bite, papa?

MR. MONTFORT.

Look at this little peg to which the line

Frank.

Ah! je te remercie bien, papa. Maintenant, messieurs les goujons, je vous défie de m'échapper.

M. Montfort.

Doucement, mon ami, ne chante pas encore victoire. Cependant, nous avons aujourd'hui quelque raison d'espérer plus de succès que la dernière fois. Le temps est calme et un peu couvert, il a plu un peu ce matin, en un mot, le jour est beaucoup plus favorable. Tiens, je ne t'avais pas dit ce que j'apportais dans ma poche. Pendant que tu vas pêcher à la ligne, pour tâcher de prendre quelques petites perches, pour lesquelles nous avons là d'excellens vers rouges, voilà quatre lignes de fond que nous allons amorcer pour du gros poisson, et que nous jetterons au beau milieu de la rivière.

Frank.

Mais, comment saurons-nous si le poisson y moid, papa?

M. Montfort.

Regarde ce petit piquet auquel est attachée

is fastened; there is a small swivel at the end of it, to which is fixed a tiny bell. Do you understand now?

FRANK.

Oh! yes, papa. It is delightful. That is to say that when these civil fish find themselves caught, they will moreover have the kindness to ring the bell, to be taken out. Oh! ring away, my boys, I shall be delighted to receive you.

MR. MONTFORT.

Come now, moderate your joy; when you go fishing you should not make such a noise.

FRANK.

But, pray tell me, papa, what sort of fish you think of catching with your ground lines?

MR. MONTFORT.

Principally eels which are generally found in the bed of the river and in the mud. Yet carp and barbel are also often caught that way. But, you poor fisherman, why do

la ligne : il y a au bout une petite bascule, à laquelle il y a un grelot attaché. Comprends-tu, maintenant ?

Frank.

Oh ! oui, papa, c'est charmant ; c'est-à-dire que quand ces honnêtes poissons se trouveront pris, ils auront encore la complaisance de sonner pour qu'on les retire. Oh ! sonnez, mes amis, je serai charmé de vous recevoir.

M. Montfort.

Allons, modère ta joie ; quand on va à la pêche, il ne faut point faire un tel tintamarre.

Frank.

Mais, dis-moi donc, papa, quelle espèce de poisson tu espères prendre avec tes lignes de fond ?

M. Montfort.

Principalement des anguilles, qui se trouvent ordinairement au fond de la rivière, dans la vase. Mais, on prend très-souvent des carpes et des barbillons de cette ma-

you not look at your line. Do you not see that the float is bobbing up and down, and that it has already disappeared several times under the water.

FRANK.

Ha! ha! here is one now. Ha! here he is in the air! let us see what it is. It seems to be a very small one.

MR. MONTFORT.

How foolish you are; one would have thought by the force with which you pulled it out of the water, and threw it up into the air, that you imagined you had caught a fish weighing twenty pounds. But, do you not know that if you had had a tolerable sized fish at the end of your line, you would most probably have broken it by pulling that way. You must on the contrary give but a slight jerk to fix your hook, your line will immediately be agitated by the motion of the fish, and you can then judge whether it be prudent to pull it out immediately, which you may do if it be

nière. Mais, pauvre pêcheur que tu es, pourquoi ne regardes-tu pas ta ligne; ne vois-tu pas que le bouchon en est agité et qu'il a déjà passé plusieurs fois sous l'eau ?

Frank.

Ah ! ah ! en voici un, maintenant... ah ! le voilà en l'air ; voyons ce que c'est. Il me semble bien petit.

M. Montfort.

Que tu es fou ; on aurait cru, à la force avec laquelle tu l'as tiré de l'eau et jeté en l'air, que tu croyais y trouver un poisson de vingt livres. Mais, ne sais-tu pas que s'il y eût eu un poisson un peu fort au bout de ta ligne, tu l'aurais probablement cassée en tirant de cette manière. Il faut, au contraire, ne donner qu'une petite secousse d'abord pour fixer ton hameçon ; ta ligne se ressentira tout de suite de l'agitation que se donnera le poisson, et tu pourras juger s'il est prudent de le retirer immédiatement, ce qui peut se faire s'il est petit, ou s'il vaut mieux le laisser s'épuiser et puis l'amener douce-

small; or if it be better to let it exhaust its strength, and then bring it gently to the water's edge to receive it in your landing-net, if it be a large one.

FRANK.

I will pay attention to it, but you cannot think what an effect it has upon me when I feel the fish at the end of the line. That is the cause, why I generally make it cut a caper, by wishing to pull it quickly out of the water.

MR. MONTFORT.

Take care then, you giddy fellow. You will fall into the river and then it will be the gudgeons' turn to make game of you. But draw your line out gently and cast it down yonder, near those broad green leaves, spread out on the surface of the water. I'll wager you will catch something there.

FRANK.

Papa, I wish I had one of those fine flowers that I see there among the green leaves and

ment au bord de l'eau pour le recevoir dans ton filet, s'il est gros.

Frank.

J'y ferai attention ; mais tu ne sais pas quelle impression j'éprouve quand je sens mon poisson au bout de la ligne. C'est ce qui est cause que je lui fais faire ordinairement une cabriole, en voulant le retirer vite de l'eau.

M. Montfort.

Prends donc garde, étourdi, tu vas tomber dans la rivière, et c'est alors que les goujons pourront à leur tour se moquer de toi. Mais, retire ta ligne doucement et jette-la là bas, auprès de ces grandes feuilles vertes étendues à la surface de l'eau. Je parie que tu y prendras quelque chose.

Frank.

Papa, je voudrais bien avoir une de ces belles fleurs qui sont là, au milieu des

which look like camelias. What is their name, papa.

MR. MONTFORT.

They are water-lilies, perhaps the handsomest of all aquatic flowers. But, be careful, in trying to reach them you might fall.

FRANK.

But as those plants grow there, papa, the water cannot be very deep, or else where could they take root?

MR. MONTFORT.

That is no reason, my dear boy. Those water-plants have stems which grow to a sufficient length to allow the leaves and flowers to spread themselves out on the surface of the water. Therefore you see your reasoning might be very erroneous, and that you would very likely find five or six feet of water, instead of two or three, as you seem to think.

feuilles vertes, et qui ressemblent à des camélias. Comment s'appellent-elles donc, papa?

M. Montfort.

Ce sont des nénuphars, les plus belles, peut-être, des fleurs aquatiques. Mais, prends garde : en essayant d'en prendre, tu pourrais tomber.

Frank.

Mais, puisque ces plantes poussent là, papa, l'eau ne peut être très-profonde, car où prendraient-elles racine?

M. Montfort.

Ce n'est pas une raison, mon cher ami. Ces plantes aquatiques ont des tiges qui s'allongent assez pour permettre aux feuilles et aux fleurs de venir s'étaler sur l'eau. Ainsi, tu vois que ton raisonnement pourrait être bien faux, et que tu pourrais aussi bien y trouver cinq ou six pieds d'eau que deux ou trois, comme tu as l'air de le penser.

FRANK.

I see it is impossible to reach them. Besides I might break my rod. But papa, the bell. Do you hear it? Oh! let us run quickly; we have caught some enormous fish.

MR. MONTFORT.

A whale perhaps. Who knows! But gently now, do not throw yourself upon the line in that way; let us rather, give our prey time to get tired, and we can then get it out more easily.

FRANK.

Do you not see, papa, that it no longer moves; pray let me take it up.

MR. MONTFORT.

Well, I think you may now take it up without any danger of losing our prize; but go gently.

FRANK.

Oh, dear me! how heavy it is, and how hard it pulls. Ah! I can see it is an eel. Pray help me, papa, for I shall never manage it alone.

Frank.

Je vois qu'il est impossible de les atteindre; d'ailleurs, je pourrais casser ma ligne. Mais, papa, le grelot, l'entends-tu? Oh! courons vite; nous avons pris quelque énorme poisson.

M. Montfort.

Une baleine, peut-être; qui sait? Mais doucement donc, ne te jette pas sur la ligne comme cela. Donnons plutôt à notre proie le temps de se fatiguer, et nous pourrons alors la retirer plus facilement.

Frank.

Vois-tu, papa, qu'elle ne bouge plus; laisse-moi tirer, je t'en prie.

M. Montfort.

En effet, je crois que tu peux maintenant le faire sans danger de perdre notre prise; mais va doucement.

Frank.

Ah mon Dieu! que c'est lourd, et comme il tire fort. Ah! je le vois... c'est une anguille. Aide-moi donc, papa, car je ne pourrais jamais en venir à bout.

MR. MONTFORT.

Come, let us see this wonder. Indeed, it seems a pretty large one, and is at least a prize worthy of being presented to your sister when you get home.

FRANK.

Oh! yes. Now she will have no right to laugh at me, and if she does, I shall frighten her famously with my live eel. However it is a great pity I have not caught any thing else.

MR. MONTFORT.

I should be much more surprised on the contrary if you had more success, for you have done nothing but prate instead of attending to your line. But, let us go and take up the rest of the ground lines and see if we have caught something else.

FRANK.

Yes, let us run. First, here is one that has not moved, and the worm of which seems not to have suited the good folks' taste. Here is another, Ditto... Well; what is there on the fourth ?

M. Montfort.

Allons, voyons le phénomène. En effet, cela semble assez gros, et voilà au moins une pièce digne d'être présentée à ta sœur, quand tu arriveras à la maison.

Frank.

Ah! oui; maintenant, elle ne pourra plus se moquer de moi, et, si elle le fait, je lui ferai une fameuse peur avec mon anguille vivante. C'est dommage, cependant, que je n'aie pas pris davantage.

M. Montfort.

Je serais plus étonné, au contraire, si tu avais eu plus de succès, car tu n'as fait que bavarder au lieu de faire attention à ta ligne. Mais, allons lever les autres lignes de fond, et voyons si nous n'avons pas pris autre chose.

Frank.

Ah! oui, courons. En voici une d'abord qui n'a pas bougé et dont le ver paraît n'avoir pas été du goût de ces braves gens. En voilà une autre, idem... enfin, voyons la quatrième.

MR. MONTFORT.

It is a pity this one had not a bell ... by the way that it is stretched out I am persuaded there is something on it. Let us pull it up. It makes no resistance, and yet there is something heavy at the end, that is certain. Ah! here is a fine carp; the poor creature has been so much exhausted with struggling since it was caught, that it could not make the least resistance. If there had been a bell we might have taken it up immediately.

FRANK.

Oh! What will Sophia say! Come, papa, let us go home, for I am impatient to show her the produce of our expedition.

MR. MONTFORT.

Well, as you wish it so much, we must return. But really you were in no less haste to come than you are now to go. Ah! children, it is just like you.

M. Montfort.

C'est dommage que celle-ci n'ait pas eu de grelot... A la manière dont elle est tendue je suis persuadé qu'il y a quelque chose. Tirons-la. Elle n'offre aucune résistance, et cependant il y a quelque chose de lourd au bout, c'est sûr. Ah ! voilà une belle carpe ; la pauvre créature se sera tellement épuisée à force de se débattre depuis qu'elle est prise qu'elle n'a pu offrir la moindre résistance. S'il y eût eu un grelot, nous aurions pu la retirer immédiatement.

Frank.

Ah ! que va dire Sophie ? Allons, papa, partons, car je suis impatient de lui montrer le produit de notre expédition.

M. Montfort.

Eh bien ! puisque tu le veux, allons-nous-en. Mais, en vérité, tu n'étais pas plus pressé pour venir que tu ne l'es maintenant pour t'en aller. Vous voilà bien, enfans.

XIII.

CHARITY TOWARDS THE POOR.

MRS. BELMONT.

You may run about now, as you are in the open country. But, before you go and amuse yourselves, carry part of what you keep for your little charities, to the poor old man whom you see yonder. You would no doubt feel but little inclined to amuse yourselves, in the presence of a man who has perhaps not eaten to day.

GEORGE.

Yes, mamma, give us the money, and I and my sister will run and give it to him as quickly as we can.

XIII.

L'AUMONE.

Mme Belmont.

Vous pouvez courir maintenant, nous voilà en pleine campagne. Mais avant d'aller vous amuser, portez à ce pauvre vieillard, que vous voyez là bas, une partie de ce que vous gardez pour vos petites aumônes ; vous n'aurez pas le courage sans doute de vous amuser en face d'un homme qui n'a peut-être pas mangé d'aujourd'hui.

George.

Oui, maman, donne-nous l'argent, nous irons, ma sœur et moi, le lui porter le plus vite que nous pourrons.

MRS. BELMONT.

Well then run, both of you, for he is going away. You will then return, and we shall go down yonder, near the little stream, to look for some of those flowers that my sister was so fond of. Do you remember, Laura, how she used to delight in twining them into your hair, when you were yet but a child.

LAURA.

Yes, mamma, I remember it very well. We shall also make some wreaths, shall we not?... But at all events let us go and carry our charitable offering first.

MRS. BELMONT.

Go, and above all be as civil to the old man, as though he were richer than you. You are but children, and even if you were grown people, all the merit of your benefaction would be lost, if it should be purchased at the price of a humiliation. Now, run.

BOTH.

Let us run.....

Mme **Belmont.**

Eh bien, oui, courez y tous les deux, car le voilà qui s'éloigne; vous reviendrez ensuite, et nous irons là bas auprès de ce petit ruisseau, chercher quelques-unes de ces fleurs que ma sœur aimait tant. Te souviens-tu, Marie, comme elle se plaisait à les mettre dans ta chevelure quand tu n'étais encore qu'une enfant?

Laure.

Oui, maman, je me le rappelle très-bien. Nous ferons aussi des guirlandes, n'est-ce pas?... Mais allons toujours porter notre aumône auparavant?

Mme **Belmont.**

Allez, et surtout soyez aussi polis avec le vieillard que s'il était plus riche que vous. Vous n'êtes que des enfans, et fussiez-vous des personnes raisonnables, on perd tout le mérite d'un bienfait quand on le fait acheter au prix d'une humiliation. Allez.

Tous deux.

Courons.......

MRS. BELMONT.

Ah! here you are! and what did the poor old man say to you, that made you remain so long with him.

LAURA.

He thanked us, mamma, as if we had given him a whole fortune. And then he told us he had a poor little boy at home, in the hut where he lives, his daughter's child, whose age was the same as George's.

GEORGE.

And mamma, he also said, there was a little girl, almost of the same age as Laura.

LAURA.

He told us that the poor little boy had fair and curly locks like George's, that he was almost as pretty as he, but that hunger had wasted his arms and paled his cheeks...

GEORGE.

He also said, mamma, that his granddaughter had fine large eyes like Laura's,

Mme Belmont.

Ah! vous voilà! et que vous a dit ce pauvre vieillard, pour que vous soyez resté si long-temps avec lui?

Laure.

Il nous a remerciés, maman, comme si nous lui avions donné toute une fortune. Et puis, il nous a dit qu'il y avait chez lui, dans la chaumière qu'il habite, un pauvre petit garçon, le fils de sa fille, qui était du même âge que Georges.

Georges.

Et puis aussi, maman, une petite fille, qui était presque du même âge que Laure.

Laure.

Il nous a dit que ce pauvre petit enfant avait, comme Georges, des cheveux blonds et bouclés, qu'il était presque aussi beau que lui, excepté que la faim avait maigri ses bras et décoloré ses joues...

Georges.

Il a dit aussi, maman que sa petite fille, avait aussi de beaux grands yeux, tout

and pretty little hands just like hers, but that she had torn her hands so much, by plucking up brambles during last winter, to make her poor sick mother some fire, and that she had wept so much when her father had died, very recently, that her pretty little hands were become quite ugly, and her eyes quite sunk and dim.

LAURA.

We were listening to him, mamma, and if you knew how much he thanked us! How he told us that his poor little girl would pray to God for us, before she went to lie down upon a bed... Oh! mamma, would you believe?... upon a bed of straw; nothing but straw to sleep upon!

GEORGE.

And his grand-son, mamma, who has scarcely enough clothes to cover him! Luckily the weather is very warm now, is it not?

MRS. BELMONT.

Yes, my dear, the weather is very warm, but it was very cold last winter, and in a

comme Laure, des jolies petites mains tout comme elle, mais qu'elle avait tant déchiré ses mains en arrachant des épines pour faire du feu, pendant l'hiver dernier, à sa pauvre mère malade, qu'elle avait tant pleuré quand son père était mort, tout dernièrement, que ses petites mains si jolies étaient devenues toutes laides et ses yeux creux et fanés.

Laure.

Nous l'écoutions, maman. Et si tu savais comme il nous remerciait, comme il nous disait que sa pauvre petite fille prierait bien le bon Dieu pour nous avant de se coucher sur un lit!... oh maman, croirais-tu?... sur un lit de paille; rien que de la paille pour dormir.

Georges.

Et son petit-fils, maman, qui a à peine des vêtemens pour se couvrir! Heureusement qu'il fait bien chaud maintenant, n'est-ce pas?

Mme Belmont.

Oui, mon ami, il fait chaud, mais il faisait bien froid cet hiver, et dans quelque

few months perhaps, it will again be very cold. How much he must have suffered, and how greatly he will suffer again, if the charity of his fellow-creatures does not come to his aid.

GEORGE.

Whilst he was telling us all that, mamma, I was looking at my nice, new, clothes, and really I felt almost ashamed at being dressed so well, whilst many other children have but straw to lie upon, and scarcely any thing to cover themselves with. But mamma pray tell me.....

LAURA.

Tell us, mamma, if we might not take them all the money that I and George have at home? His children are so poor, his hair is so grey and he lives so near us; look there, it is only at the village you may see down yonder; it is but a mile off.

MRS. BELMONT.

Very well, my dear girl, but is George willing also?

mois peut-être, il fera bien froid encore. Combien il a dû souffrir, et combien souffrira-t-il dans quelques mois, si la charité des hommes riches ne vient à leur secours?

Georges.

Pendant qu'il nous disait tout cela, maman, je regardais mes habillemens si propres, si neufs, et vraiment j'avais presque honte d'être si bien habillé, pendant que d'autres enfans n'ont que de la paille pour se coucher, et presque rien pour se couvrir. Mais, maman, dis-moi.....

Laure.

Dis-nous, maman, est-ce que nous ne pourrions pas leur porter tout l'argent que nous avons, mon frère et moi, à la maison? Ses enfans sont si pauvres, ses cheveux sont si blancs et il demeure si près; tiens, à ce village qu'on voit là-bas; il n'y a qu'une demi-lieue d'ici.

Mme Belmont.

C'est bien, ma fille, mais Georges veut-il bien aussi...

GEORGE.

Oh! yes, mamma. I and Laura have settled it all as we returned to you, and if you will let us.....

MRS. BELMONT.

Well, I have no objection, my dear children. You have done very right to have asked him where he lived, and as soon as you have been very good, I shall allow you to choose, as a reward, between going on a nice excursion to Montmorency, or paying a short visit to the old man and his children. Perhaps we shall be able to do something for them. Well, will that suit you?

LAURA.

Oh! mamma, how happy we shall be! Indeed we promise to be very good.

GEORGE.

I can tell you before-hand, mamma, that we shall vote for the visit to the old man.

George.

Oh! oui, maman. Nous avons arrangé tout cela avec ma sœur en revenant, et si tu veux.....

Mme Belmont.

Eh ! bien oui, mes enfans; c'est très-bien. Vous avez bien fait de lui demander où il demeurait, et aussitôt que vous aurez été bien sages, je vous laisserai à choisir, comme récompense, entre une belle partie à Montmorençy ou une petite visite au vieillard et à ses enfans. Peut-être nous pourrons leur faire du bien. Ainsi, voulez-vous?

Laure.

Oh! maman, quel bonheur! et comme nous serons sages!

Georges.

Je t'avertis d'abord, maman que nous choisirons la visite au vieillard.

MRS. BELMONT.

Well, let us make a little agreement between ourselves : if, by chance, you should behave badly , those poor children would perhaps have to endure all the hardships of poverty, and the anguish of despair during a week or a fortnight longer. You will, I do not doubt, be very good, as you have given me your promise to be so ; however, let us take certain precautions against yourselves; let us go down to yonder village; we shall see what is to be done for them, and afterwards if you are not good, you alone will be the sufferers. What do you say to it?

LAURA.

Oh! mamma, that is most delightful indeed : let us go immediately, shall we George?

GEORGE.

Yes, yes, let us go.

MRS. BELMONT.

Let us go, let us go! That is very easy to say, but what have we then to give those

Mme Belmont.

Eh! bien, faisons ensemble un petit arrangement : si par hasard vous n'étiez pas sages, il faudrait que ces pauvres enfans endurassent encore pendant huit jours, quinze peut-être, toutes les douleurs de la pauvreté et les angoisses du désespoir; vous serez sages, je n'en doute pas, puis que vous le promettez. Pourtant, prenons nos précautions contre vous-mêmes; allons tout de suite au village là-bas, nous verrons ce qu'il y aura à faire pour eux, et puis après cela, si vous n'êtes pas sages, vous seuls en souffrirez, du moins. Qu'en dites-vous?

Laure.

Oh! mais, maman, c'est magnifique cela; partons tout de suite, n'est-ce pas, Georges?

Georges.

Oui, oui, partons.....

Mme Belmont.

Partons, partons! cela est bien facile à dire, mais qu'avons-nous donc à leur don-

poor people? Do you wish us to arrive there just to show ourselves?

LAURA.

That is very true, mamma... However, we might go and see them and promise to return to them again soon, with whatever we can bring them. I fancy it would console them a little, and they would begin to love us a few days sooner.

MRS. BELMONT.

You are right, my dear Laura. You are as sensible as a grown-up person. It is not alms alone which do good, and of all the distresses of poverty, the heaviest perhaps, my dear children, is to see one's self forsaken by the whole world.

LAURA.

Oh! Mamma, you will not forsake them, will you? Only think; they sleep upon straw, their father is dead, poor children, and their mother is very, very ill. Dear me! mamma, when you are ill, we feel so very unhappy.

ner à ces pauvres gens? Voulez-vous que nous arrivions chez eux simplement pour nous y montrer?

Laure.

C'est vrai, maman. Allons-y pourtant; nous leur promettrons d'y retourner bientôt avec tout ce que nous pourrons apporter. Il me semble que cela pourra peut-être les consoler un peu, et ils nous aimeront quelques jours plus tôt.

Mme Belmont.

Tu as raison, ma chère, te voilà raisonnable comme une grande personne. Il n'y a pas que l'aumône qui fasse du bien, et de toutes les douleurs de la pauvreté, la plus pesante peut-être, mes chers enfans, est de se voir abandonner par tout le monde.

Laure.

Oh! maman, tu ne les abandonnera point, n'est-ce pas? Pense donc qu'ils couchent sur la paille, que leur père est mort, les pauvres enfans, et que leur mère est malade, bien malade. Oh! mon Dieu! maman, quand tu es malade, toi, nous souffrons tant!

MRS. BELMONT.

You feel so unhappy! And what should you do, if, like this woman's children, when she is ill, you had not even a small piece of brown bread to eat, when you were hungry, nor a bit of wood to warm yourselves with, when you were cold..... Come, my dear children, let us go quickly; perhaps there is a more pressing benefit to be conferred upon them, than the assistance you have already given them and that which you intend to promise. I will send a doctor to the unfortunate family and, if you like, you shall contribute to their assistance out of your savings; you shall buy them the medecines that will be thought requisite.

GEORGE.

Yes, mamma, we shall pay for them; we shall get the medicines, shall we not Laura? And then, when their mother is cured, and when they are less unhappy, we shall go and see them again, and I am sure they will love us.

www.ingramcontent.com/pod-product-compliance
Ingram Content Group UK Ltd.
Pitfield, Milton Keynes, MK11 3LW, UK
UKHW020438200726
13857UKWH00002B/472